사도들의 발자취 따라.
2020. 5
동역자, 이희권

복음으로 세상을 변혁한
열두 사도 이야기

복음으로 세상을 변혁한
열두 사도 이야기

지은이 | 이동원
초판 발행 | 2020. 4. 16
11쇄 발행 | 2020. 12. 8
등록번호 | 제1988-000080호.
등록된 곳 | 서울특별시 용산구 서빙고로 65길 38
발행처 | 사단법인 두란노서원
영업부 | 2078-3352   FAX | 080-749-3705
출판부 | 2078-3331

책값은 뒤표지에 있습니다.
ISBN 978-89-531-3734-9 03230   Printed in Korea

독자의 의견을 기다립니다.
tpress@duranno.com   www.duranno.com

◈ 이 책에 담은 그림의 출처는 * 표시를 해 두었으며 후주에 그 내용을 밝혔습니다.

두란노서원은 바울 사도가 3차 전도여행 때 에베소에서 성령 받은 제자들을 따로 세워 하나님의
말씀으로 양육하던 장소입니다. 사도행전 19장 8-20절의 정신에 따라 첫째 목회자를 돕는 사역과
평신도를 훈련시키는 사역, 둘째 세계선교(TIM)와 문서선교(단행본·잡지)사역, 셋째 예수문화 및 경배
와 찬양 사역, 그리고 가정·상담 사역 등을 감당하고 있습니다. 1980년 12월 22일에 창립된 두란
노서원은 주님 오실 때까지 이 사역들을 계속할 것입니다.

복음으로 세상을 변혁한

열두 사도
이야기

이동원 지음

40th
두란노

목차

서문

　사역 초기에《열두 문 열두 돌》(나침반)이란 책을 펴냈습니다. 그리고 담임목사의 사역을 마무리할 무렵 열두 제자를 다시 강해했습니다. 저의 목회의 장에 그런 제자들이 남겨지기를 바랐기 때문입니다. 저는 그들이 단순한 제자가 아닌 사도이기를, 그들이 정녕 '보냄 받은 자'이기를 기대했습니다.

　처음 목회를 시작할 때와는 다른 마음으로 사도들을 성찰했습니다. 젊은 날에는 보이지 않던 많은 모습들이 보였습니다. 이러한 발견을 토대로 수요 예배 시간을 통해 열두 사도의 삶을 강해했습니다. 조금은 여유를 갖고 이야기 식으로 나누며, 함께 울고 함께 웃던 추억을 만들어 갔습니다.

　이 추억을 책으로 만들어 달라는 요청들이 많았습니다. 사실 열두 제자, 혹은 열두 사도의 이야기는 이제 희소가치가 없습니다. 이미 접할 수 있는 적지 않은 자료에 하나를 더 추가할 따름입니다. 그러나 이 책에는 평생의 목회를 정리하는 사람의 정직한 성찰이 담겼습니다. 그런 의미에서 후학들과 성도들에게 유익이 있기를 기도했습니다.

때마침, 천국의 섬 증도 근처 소악도에 열두 사도를 상징하는 교회들이 태어났습니다. 이 책을 읽고 그 섬으로 떠나는 것도 멋진 순례가 되리라 생각합니다. 거기서 우리 신앙의 뿌리가 된 열두 사도들을 만나 보십시오. 당신이 그 열두 사도의 반열에 서는 것을 보고 싶습니다. 거기서 우리의 삶과 사역, 죽음을 준비할 수 있기를 기도해 봅니다.

주후 2020년 코로나19가 머무른 자리에서
성령의 임재가 이 땅을 충만히 감싸기를 기도하며

작은 사도의 심부름꾼,
이동원 목사

1

평범하나 비범하게
쓰임 받은 사람들

열두 사도 서설

● 인물 마인드맵 _ **예수님**

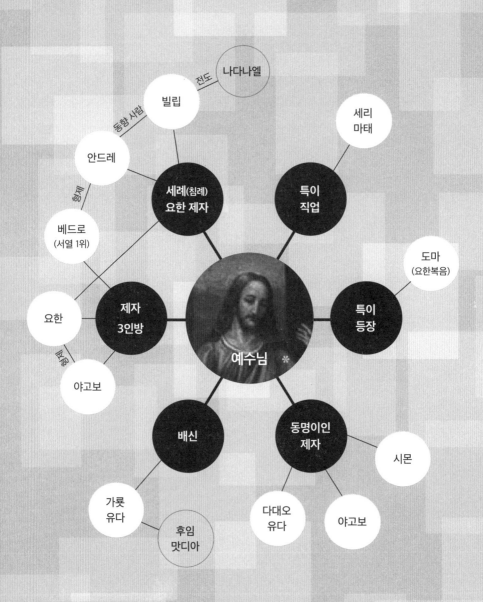

나다나엘

전도

빌립

동행 사람

안드레

세례(침례)
요한 제자

세리
마태

형제

베드로
(서열 1위)

특이
직업

요한

제자
3인방

예수님 ✱

특이
등장

도마
(요한복음)

형제

야고보

배신

동명이인
제자

시몬

가룻
유다

후임
맛디아

다대오
유다

야고보

○ **고린도전서 1:26-29**

형제들아 너희를 부르심을 보라 육체를 따라 지혜로운 자가 많지 아니하며 능한 자가 많지 아니하며 문벌 좋은 자가 많지 아니하도다 그러나 하나님께서 세상의 미련한 것들을 택하사 지혜 있는 자들을 부끄럽게 하려 하시고 세상의 약한 것들을 택하사 강한 것들을 부끄럽게 하려 하시며 하나님께서 세상의 천한 것들과 멸시 받는 것들과 없는 것들을 택하사 있는 것들을 폐하려 하시나니 이는 아무 육체도 하나님 앞에서 자랑하지 못하게 하려 하심이라

고린도전서 1장 26-29절은 그리스도인 모두에 대한 가장 아름다운 부르심의 상징이 아닌가 생각합니다. 특별히 예수님의 열두 제자에 관한 가장 적합한 묘사라고 생각합니다. 존 맥아더(John MacArthur)는 이 열두 제자의 부르심을 가리켜, "평범한 사람들을 부르셔서 비범하게 사용하신 케이스"라고 말했습니다. 그들 모두는 평범하지만 비범하게 쓰임 받은 하나님의 사람들이었다고 할 수 있습니다.

열두 제자에 대한 이해

우리 모두가 품어야 할 비전은 열두 사도의 비전입니다. 그러기 위해 열두 사도 혹은 제자를 아는 것, 처음 사도들의 모습을 아는 것은 매우 중요한 과제라고 생각합니다. 그들은 누구였으며, 이들의 존재는 왜 중요했을까요?

● 대표적인 사도들

열두 명의 숫자가 매우 중요한 것을 성경은 어떻게 가르쳐 주고 있습니까? 우리는 열두 명의 제자 중에 한 사람, 가룟 유다가 빠졌을 때 열한 명 그대로 놓아두지 않았다는 것을 기억합니다. 사도행전 1장에 보면 한 사람을 다시 보충했습니다. 기도하고 제비를 뽑아 선택했는데, 그때 뽑힌 제자가 '맛디아'입니다. 이렇게 보충해서 다시 열둘로 만든 것을 볼 때, 성경은 열둘이라는 숫자에 특별한 의미를 부여했다는 생각이 듭니다.

이 숫자는 신약에 와서 예수님에 의해 처음 강조된 것이 아닙니다. 구약 시대에 이스라엘 백성이 지파를 형성했을 때도 열두 지파였습니다. 그래서 이는 일종의 대표성을 갖는 숫자라 할 수 있습니다. 따라서 열두 명의 제자 혹은 사도는 비단 열두 명만을 의미하는 것이 아니라, 모든 시대의 그리스도의 제자들을 대표한다고 할 수 있습니다.

예수님의 제자들은 다 남자였습니다. 열두 명 가운데 여자는 없었습니다. 여자들은 예수님의 제자가 될 수 없었던 걸까요? 저는 그렇게 생각하지 않습니다. 복음서에 보면 열두 명의 제자와 더불어 주님이 많은 여자 제자들을 두셨고, 또 그들을 쓰신 것을 볼 수 있습니다.

"그 후에 예수께서 각 성과 마을에 두루 다니시며 하나님의 나라를 선포하시며 그 복음을 전하실새 열두 제자가 함께하였고"(눅 8:1).

열두 제자에 대한 누가의 기록은 여기서 끝나지 않고 다음 절로 이어집니다.

"또한 악귀를 쫓아내심과 병 고침을 받은 어떤 여자들 곧 일곱 귀신이 나간 자 막달라 인이라 하는 마리아와"(눅 8:2).

대표적인 여자 제자 중 하나가 바로 '막달라 마리아'입니다. 계속 달라고 하지만 결코 채워질 수 없는 욕망 가운데 일곱 귀신을 품고 다녔던 막달라 마리아. 그녀를 통해 주님을 만나 해방되어 자유를 얻은 다음 예수님의 제자의 반열에 합류하게 된 여자 제자의 모습을 볼 수 있습니다.

"헤롯의 청지기 구사의 아내 요안나와 수산나와 다른 여러 여자가 함께하여 자기들의 소유로 그들을 섬기더라"(눅 8:3).

헤롯은 당시 로마에서부터 임명받은 그 지역을 다스리는 분봉왕이었습니다. 따라서 '헤롯의 청지기 구사의 아내'란 상당히 높은 직급에 있는 관료의 부인이었다고 볼 수 있습니다. 요안나와 수산나와 다른 여러 여자가 자기들의 소유를 가지고 제자들과 더불어 사역하던 모습을 보여 줍니다.

그러므로 열두 제자 속에 여자가 끼어 있지 않다고 예수님에게 편견이 있지 않았는가, 하는 비본질적인 과제를 갖고 고민하는 일이 없기를 바랍니다.

⊙ 평범한 사람들

예수님이 당신의 제자로 특별한 사람들을 부르고 뽑으셨다고 생각하지 마십시오. 열두 사도의 인생을 다 공부하고 나면, 그들은 지극히 평범한 사람이었다는 사실을 더욱 절감하게 될 것입니다. 그들 중에는 신학자도 없었고, 수도자도 없었습니다. 웅변가나 뛰어난 지식을 가진 자도 없었습니다. 당시의 랍비 계급 출신도 없었습니다. 그들은 모두 평범했으며, 복음서를 통해 알 수 있듯이 오히려 인간적인 약점이 너무나 쉽게 드러나 보이는 사람들이었습니다. 예수님은 그들의 모든 약점을 알면서도 그들을 부르시고, 선택하셨습니다.

이것이 우리에게 얼마나 큰 위로가 됩니까? 만약 주님이 특별한 사람들, 특별한 강점이 있는 사람들만을 불러서 쓰셨다면, 우리는 도저히 이시대의 제자가 될 수 없을지도 모르겠습니다. 하지만 감사하게도 그들은 지극히 평범한, 우리와 같은 사람이었습니다.

더욱 놀라운 것은, 예수님은 그들의 모든 약점뿐 아니라 그들이 행동할 대단히 어리석고 배반적인 미래를 알면서도 그들을 선택하셨다는 사실입니다. 제가 만약 제자들을 선택하는 예수님의 입장이라면, 죽으면 죽었지, 그런 선택은 하지 않을 것입니다. 저는 제 주변에 가룟 유다 같은 제자를 두고 싶지 않습니다. 그러나 주님은 가룟 유다의 모든 약점과 그가 당신에 대해 어떻게 배반할 것을 알고도 그를 제자로 선택하셨습니다.

"예수께서 대답하시되 내가 너희 열둘을 택하지 아니하였느냐 그러나 너희 중의 한 사람은 마귀니라 하시니 이 말씀은 가룟 시몬의 아들 유다를 가리키심이라 그는 열둘 중의 하나로 예수를 팔 자러라"(요 6:70-71).

이러한 사실을 알고도, 그가 마귀의 역할을 할 것을 알고도 예수님은 가룟 유다를 당신의 제자로 선택하셨습니다.

분명한 사실은, 이 열두 명의 제자들 모두가 우리와 똑같은 사람이라는 것입니다. 야고보의 표현을 빌리자면, 우리와 성정이 같은, 곧 우리와 똑같은 본능을 가지고 우리와 똑같은 실수를 할 수 있는, 인간적인 약점을 가진 사람이라는 것입니다. 그럼에도 불구하고 예수님은 그들을 제자로 부르셨습니다. 그들은 모두 평범한 사람들이었습니다.

● 믿음의 진보가 더딘 사람들

그들은 믿음이 한꺼번에 급속도로 올라간 사람들이 아니라, 믿음의 진보가 아주 느리고 더딘 사람들이었습니다. 대부분이 그랬습니다.

"이르시되 미련하고 선지자들이 말한 모든 것을 마음에 더디 믿는 자들이여"(눅 24:25).

선지자들이 말한 하나님의 말씀에 대해 제자들이 어떻게 반응했습니까? 더디 믿었다고 했습니다. 한순간에 믿고 어느 날 갑자기 믿음의 자이언트가 된, 믿음의 성자가 된 사람들이 결코 아니었다는 것입니다. 이들은 오랜 성숙의 과정을 통해서 믿음의 진보가 아주 느리게 진행된 사람들이었습니다. 이 말씀이 우리에게 시사하는 것은 무엇입니까? 믿음의 진보가 빠르게 이루어지지 않았다는 것은 곧 우리에게도 희망이 있다는 것입니다. 예수님이 처음 선택하신 제자들이 바로 그랬기 때문입니다.

● 믿음의 후퇴를 경험했던 사람들

그들은 믿음이 아주 천천히 성숙했을 뿐만 아니라, 때로는 거꾸로 후퇴하던 사람들이었습니다. 일시적이었지만 결정적인 순간에, 위기의 순간에 잠시나마 믿음을 포기했던 이야기들이 성경에 기록되어 있습니다. 이것이 바로 예수님의 제자들의 실상이었습니다.

"그러나 이렇게 된 것은 다 선지자들의 글을 이루려 함이니라 하시더라 이에 제자들이 다 예수를 버리고 도망하니라"(마 26:56).

가룻 유다만 배신한 것이 아닙니다. 결정적인 위기의 순간이 왔을 때, "이에 제자들이 다 예수를 버리고 도망하니라". 위기의 순간에 후퇴했던 사람들, 도망갔던 제자들, 그러나 그런 사람들을 주님이 다시 부르고, 쓰셨다는 것입니다. 이는 우리에게도 희망이 있다는 것을 보여 줍니다.

● 다양하고, 대조적인 배경을 가진 사람들

그들은 정치적인 성향도 서로 달랐습니다. 교인들 중에는 여당도 있고 야당도 있는 것처럼, 예수님의 제자들도 그랬습니다.

예수님의 제자들 중에는 '셀롯인'이 있었습니다. 영어로는 'zealot'이라 하는데, 이는 열심당원입니다. 열심당원이 누구입니까? 로마에 대항해서 싸우던 사람들, 곧 반로마주의자들입니다. 그 당시 이스라엘을 점령하고 있던 로마에 대해 투쟁을 선언하고 혁명적인 일을 하던 일종의 '혁명 열사대원'들이 바로 '셀롯인'이었습니다. 칼을 품에 넣고 다니다가 로마 사람이나 그들에게 빌붙어 사는 유대인을 만나면 푹 찌르고 도망가는 일조차 서슴없이 하던 사람들이었습니다.

그런가 하면 예수님의 제자들 가운데는 로마 사람들에게 빌붙어 먹고 살던 제자가 있었습니다. 누구입니까? 마태입니다. 마태의 직업은 무엇입니까? 세리입니다. 세리는 로마를 이용해서 먹고사는 사람이었습니다. 세금을 걷어서 로마에 바칠 때 중간에서 수수료를 챙기는 사람이었습니다. 그래서 유대인들은 세리를 제일 싫어했습니다.

그들은 직업도 다양했습니다. 어부가 가장 많았지만, 세리도 있고, 상인도 있었습니다. 정치인과 혁명가도 있었습니다. 반면에 제자들의 출신지는 지역의 예외성 앞에 놀라게 됩니다. 지역의 다양성이라고는 찾아볼수가 없습니다. 한 지역에서 가장 많은 제자들이 부르심을 받았습니다. 어디입니까? 바로 갈릴리 지역입니다.

갈릴리는 유대인들이 사마리아 못지않게 천시하던 북방 지역입니다. 위에 있는 시리아나 레바논, 앗수르 쪽에서 침입해 들어오면 북쪽부터 먼저 침략을 당했는데, 그러다 보니 외국에 짓밟히면서 국제결혼도 많고, 외국 사람들과 섞인 문화로 인해 차별적인 대우를 받았으며, 경제적으로도 가난했던 곳입니다. 그러나 예수님은 주로 이 갈릴리에서 선교를 하셨고, 이 갈릴리에서 많은 제자들을 부르셨습니다.

예수님의 제자들이 바로 이런 사람들입니다. 갈릴리 출신이 대부분이고, 한 사람은 유다 지역의 최남단에서 부름을 받았습니다. 예루살렘 출신은 없었습니다. 우리로 말하자면, 서울이나 강남, 압구정동 출신은 없었다는 것입니다. 저 역시 압구정동에서 목회하지 않은 것에 대해서 전혀 후회가 없습니다. 예수님은 제자들을 갈릴리 지역에서 부르셨고, 거기서 그들을 훈련시키셨습니다.

● 그리스도에 의해 부르심을 받고, 훈련된 사람들

앞서 살펴본 것처럼, 예수님의 열두 제자는 평범하고 믿음의 진보도 더디며 때로는 믿음의 후퇴를 경험한, 대조적이며 별 볼 일 없는 배경을 가진 사람들이었습니다. 그럼에도 불구하고 그들은 예수님에 의해서 부르심을 받은, 훈련된 사람들이었습니다.

대부분의 제자들이 예수님과 함께했던 시간은 18개월 정도라고 합니다. 약 1년 반 정도였습니다. 우리 생애에 1년 반만 전적으로 투자해도 예수님의 제자가 될 수 있습니다. 제대로 말씀 받고 훈련 받으면 1년 반 동안에도 얼마든지 예수님의 제자가 될 수 있다고 생각합니다. 그렇다고 해서 그들이 훈련을 통해 단숨에 만들어진 것은 아닙니다. 그 훈련의 과정 속에서도 여러 가지 시련을 거쳤습니다. 이러한 과정을 통해서 마침내 다듬어지고 준비된 것입니다. 그러나 마지막 작품이 나왔을 때, 그 작품도 별것 아니었습니다. 18개월이 지나도 어쩌면 우리 눈에는 실패작처럼 보이는 사람들이었습니다. 그렇게 훈련을 받았음에도 예수님이 불리하게 되시자 다 도망가고 도피한 사람들입니다. 요한복음 21장을 보십시오. 대표적인 제자 베드로는 예수님을 부인했을 뿐만 아니라, 부활하신 예수님을 만났을 때 아직도 이런 비참한 고백을 하고 있습니다.

"시몬 베드로가 나는 물고기 잡으러 가노라 하니"(요 21:3).

이렇게 과거 퇴행적인 제자가 어떻게 예수님의 성공작이라 할 수 있을까요? 그러나 이런 사람들이 부활의 능력을 힘입고 성령의 충만함을 입었을 때 세상을 바꿀 수 있었다는 것, 저는 이것이 선택의 신비라고 생각합니다.

예수님은 왜 이런 사람들, 심하게 말하면 이런 인간들을 선택하셨을까요? 고린도전서 1장의 말씀처럼, 아무것도 하나님 앞에서 자랑할 것이 없도록 하기 위해서입니다. 이 모든 것이 은혜의 선택이고, 이 모든 것이 은혜의 부르심이고, 그들이 받았던 훈련조차 그들의 최선의 노력의 대가가 아닌 전적인 하나님의 은혜였음을 고백할 수밖에 없도록 하기 위해서입니다. 아무 육체도 하나님 앞에 자랑할 것이 없도록 하기 위해서, 다만 주님이 일하셨다고 고백하도록 하기 위해서 이런 부족한 사람들을 제자로 부르고 선택하신 것입니다.

유명한 성자 프란치스코(Francisco)가 어느 날 이런 질문을 받았습니다. "하나님은 무엇 때문에 선생님과 같은 분을 선택하셨을까요?" 그때 프란치스코는 이런 유명한 대답을 합니다. "어느 날 하나님이 이 지구를 내려다 보셨습니다. 그분의 눈은 계속해서 어떤 사람들을 찾고 계셨습니다. 너무나도 겁이 많은 사람, 인생에 대해 많은 숙제를 안고 괴로워하는 사람, 또 그런 것에 관해서 꿈을 갖지 못하고 힘들어하는 사람 그리고 인생에 대해 자신 없어 하는 사람. 하나님의 눈동자가 그 사람 위에 머물자, '맞아! 저 사람이야! 내가 저를 불러서 나의 사람으로 만들 거야! 그리고 나의 영광과 능력을 드러낼 거야!' 하나님은 이러한 이유로 나 같은 사람을 선택하신 것입니다."

제자는 헬라어로 '마테테스'(mathetes)라고 합니다. 그 뜻은 바로 '배우는 사람'입니다. 그러나 이 열두 명의 제자에게 붙은 또 하나의 칭호가 있습니다. 바로 '사도'입니다. '사도'라는 말의 뜻이 무엇입니까? '아포스톨로이'(apostoloi), 곧 '보냄을 받은 사람'입니다. 이들은 주님 앞에 부르심을 받아 주님에게 배우고, 마침내 주님에 의해서 보냄을 받습니다. 연약하고 부족하고 평범한 사람들이었지만, 그들은 세상에 나가 세상을 변화시킵니다.

사도행전에 보면 처음 제자들에게 세상의 믿지 않는 사람들이 붙여 주었던 희한한 별명이 있습니다.

> "발견하지 못하매 야손과 몇 형제들을 끌고 읍장들 앞에 가서 소리 질러 이르되 천하를 어지럽게 하던 이 사람들이 여기도 이르매"(행 17:6).

예수님의 제자들이 데살로니가라는 지역에 와서 복음을 전했을 때, 그들이 미치는 영향력을 바라보며 그곳의 믿지 않는 자들이 붙여 준 별명이 무엇입니까? '천하를 어지럽게 한 사람들'입니다. 이는 나쁜 의미로 말한 것이지만 좋은 의미도 됩니다. 영어 성경인 ESV는 이를 "These men who have turned the world upside down"(세상을 뒤집어엎은 사람들)이라고 옮겼습니다. 그들의 발걸음이 미쳤을 때 세상은 충격적인 영향을 받았습니다. 그래서 세상은 뒤집어졌습니다.

세상을 변화시키는 사람들, 이것이 바로 열두 제자의 인생이었고, 이는 그 이후의 제자들에게도 주님이 여전히 기대하시는 모습입니다.

예수님의 부르심의 과정

이제는 예수님이 제자들을 부르신 몇 가지 단계를 생각해 보고자 합니다. 존 맥아더 목사는 이들이 네 개의 단계를 거쳤다고 말합니다.

● 회심에의 부르심

첫 번째 부르심은 구원받으라는, 하나님의 자녀가 되라는, 이제 죄를 떠나 예수님을 영접하고 하나님의 사람이 되라는 회심에의 부르심입니다. 요한복음 1장을 보면 처음 제자들이 바로 이런 회심을 경험하고 있는 것을 볼 수 있습니다.

회심을 경험하기 위해, 하나님의 자녀가 되기 위해 가장 중요한 것은 예수 그리스도의 복음을 듣는 것입니다. 우리는 기쁜 소식, 주님이 나를 위해 십자가에 달려 죽으시고 부활하심으로 말미암아 그를 통해 죄 사함을 받고 하나님의 자녀가 될 수 있다는 굿 뉴스(good news), 곧 복음의 소식을 들어야 합니다.

> "또 이튿날 요한이 자기 제자 중 두 사람과 함께 섰다가 예수께서 거니심을 보고 말하되 보라 하나님의 어린 양이로다 두 제자가 그의 말을 듣고 예수를 따르거늘"(요 1:35-37).

제자들이 예수님을 쫓아다니기 위해 들었던 메시지가 있습니다. 무엇입니까? "보라 하나님의 어린 양이로다." 이것이 요한복음 1장에서 강조되던 가장 중요한 메시지였습니다.

"이튿날 요한이 예수께서 자기에게 나아오심을 보고 이르되 보라 세상 죄를 지고 가는 하나님의 어린 양이로다"(요 1:29).

'그는 우리의 죄를 짊어지고 희생의 제물이 되기 위해서 이 땅에 오신 분이다! 그를 믿음으로 우리가 죄 사함을 받고, 새로운 생명을 얻어 하나님의 자녀가 된다!' 바로 이것이 복음(gospel)이 아닙니까? 우리는 이 복음의 소식을 들어야 하나님의 자녀가 될 수 있습니다. 이것이 제자가 되는 첫 번째 단계입니다. 복음을 깨닫지 못하면, 예수님을 영접하지 못하면, 무엇보다 죄 사함의 확신이 없이는 아무도 자신을 예수님의 제자라고 말할 수 없을 것입니다. 이것이 첫 단계입니다.

이제, 복음을 듣고 회심했습니다. 그리스도를 따르는 자가 되었습니다. 예수님의 제자가 되었습니다. 그런데 이렇게 부르심을 받고도 제자들은 한동안 계속해서 고기를 잡았습니다. 그물을 기웠습니다. 그들의 생업에는 조금의 변화도 없었습니다. 이를 통해, 저는 주님이 모든 제자들에게 직업을 버릴 것을 요구하신다고 생각하지는 않습니다. 어떤 제자들에게는 직업을 포기하고 당신을 따라오라고 부르시지만, 어떤 제자들에게는 직업을 유지하면서 직장에서 선교사가 되어 복음을 전하도록 부르십니다. 물론 열두 사도에 대해서는 오늘날 목사와 같은 풀타임 사역자로 부르기 위해 두 번째 단계를 준비하셨습니다.

● **사역에의 부르심**

우리는 누가복음 5장을 통해 사역으로 부르시는 장면을 볼 수 있습니다. 바로 베드로를 부르시는 내용입니다. 베드로는 앞선 장에서 이미 예수님을 만났습니다. 베드로를 예수님 앞에 데리고 간 사람이 누구입니까? 안드레입니다. 안드레가 자기 형제 베드로를 데리고 예수님 앞으로 나아갔습니다. 그러나 그들은 여전히 그물을 던져 고기를 잡고 있었습니다.

베드로와 안드레는 누가복음 5장에서 다시 주님을 만납니다. 그리고 주님으로부터 이런 도전을 받습니다. "나를 따라오너라. 네가 사람을 낚는 어부가 될 것이다." 그때 이 두 제자는 어떤 응답을 했습니까? 그물을 버려두고 사람을 낚는 어부가 되기 위해, 아니 그 일 앞에 전적으로 헌신하기 위해 예수님을 따랐습니다. 이것이 바로 전적 사역으로의 부르심입니다. 열두 명의 제자는 이 두 번째 단계를 경험했습니다.

● 사도로 부르심

우리는 마태복음 10장이나 누가복음 6장에서 열두 제자의 이름을 볼 수 있습니다. 물론 예수님을 따라오는 사람이 열두 명만 있었던 것은 아닙니다. 그 밖에도 많은 사람들이 있었습니다. 전도를 위해 따로 세우셨던 70명의 사람들만 봐도 알 수 있습니다.

예수님은 따라오는 사람들 가운데서 열두 명을 하나의 특별한 팀으로 만드셨습니다. 이들이 바로 사도들입니다. 예수님은 이들을 사도로 삼고자 하셨습니다. 나중에 다시 살펴보겠지만, 이 사도는 바로 초대 교회를 만드는 중요한 리더십입니다. 바로 이들을 기초로 해서 초대 교회를 주님이 세우시게 됩니다.

● 순교로의 부르심

열두 명의 제자 가운데 한 사람을 제외한 나머지는 모두 순교했다는 사실을 아십니까? 물론 가룟 유다를 빼고 그의 자리에 들어온 사람도 포함해서 말입니다. 가룟 유다의 자리에 들어온 사람이 맛디아인지, 아니면 그 역할을 바울이 감당했는지에 대한 신학적인 논란은 나중에 주어지지만, 어쨌든 열한 명은 모두 순교합니다. 여기서 순교하지 않은 사람은 누구일까요? 사도 요한입니다. 사도 요한은 약 95세에 이르기까지 오랫동안 살았습니다. 그렇다고 그가 편하게 살았던 것은 아닙니다. 그는 유배지인 밧모 섬에서 하나님의 환상과 계시를 접하고 요한계시록을 쓰게 됩니다. "나 요한은 … 밧모라 하는 섬에 있었더니"(계 1:9). 그는 살아 있는 순교자라 할 수 있습니다.

중요한 것은 이것입니다. 요한계시록 21장에 보면 예수님이 새 하늘과 새 땅에 대한 환상과 새 예루살렘이 하늘에서 내려오는 마지막 천국의 모습을 보여 주시는데, 바로 이 천국은 열두 개의 보배로운 기초석 위에 세워진다고 증언합니다. 그런데 그 열두 보석에는 누구의 이름이 있었습니까?

> "그 성의 성곽에는 열두 기초석이 있고 그 위에는 어린 양의 열두 사도의 열두 이름이 있더라"(계 21:14).

이들은 천국의 기초일 뿐만 아니라 교회의 기초입니다.

"너희는 사도들과 선지자들의 터 위에 세우심을 입은 자라 그리스도 예수께서 친히 모퉁잇돌이 되셨느니라"(엡 2:20).

예수님은 모퉁잇돌이고, 모퉁잇돌에 연결된 기초석들이 있었습니다. 기초석의 역할을 한 것이 누구입니까? 구약 시대의 선지자와 신약 시대의 사도들입니다. 바울은 에베소에 있는 성도들에게, 너희가 바로 그 터 위에 세우심을 입었다고 말하고 있는 것입니다. 우리도 마찬가지입니다. 우리도 열두 제자의 헌신의 기초 위에서 어느 날 복음을 듣고 예수 그리스도의 제자가 되어 예수 그리스도를 따라가게 되었습니다. 저는 이것만으로도 열두 제자를 공부할 만한 충분한 이유와 가치가 있다고 생각합니다. 그렇다면 이들은 각각 어떤 생애를 살았을까요?

2

약하나
강하게 된 사도

○●

베드로

*

● 인물 마인드맵 _ 베드로

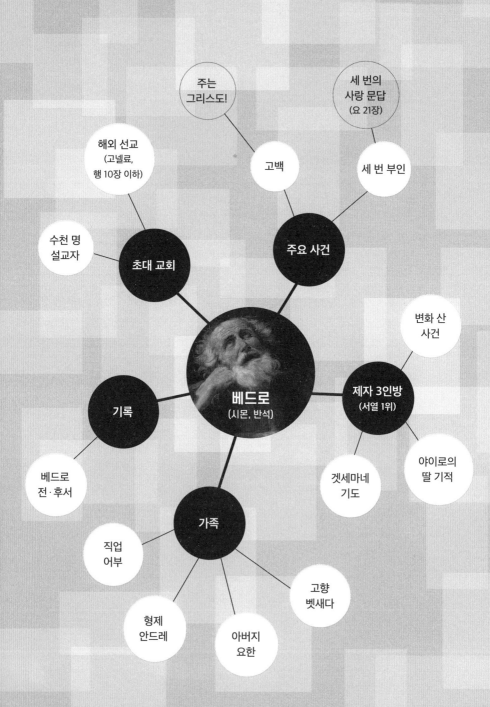

주는 그리스도!

세 번의 사랑 문답 (요 21장)

해외 선교 (고넬료, 행 10장 이하)

고백

세 번 부인

수천 명 설교자

초대 교회

주요 사건

변화 산 사건

베드로 (시몬, 반석)

제자 3인방 (서열 1위)

기록

야이로의 딸 기적

베드로 전·후서

겟세마네 기도

가족

직업 어부

고향 벳새다

형제 안드레

아버지 요한

○ 눅 22:31-32

시몬아, 시몬아, 보라 사탄이 너희를 밀 까부르듯 하려고 요구하였으나 그러나 내가 너를 위하여 네 믿음이 떨어지지 않기를 기도하였노니 너는 돌이킨 후에 네 형제를 굳게 하라

본문처럼 베드로의 생애를 상징적으로 보여 주는 말씀은 없다고 생각합니다. 시험 속으로 떨어지기 직전에 주님이 제자 베드로에게 주셨던 말씀입니다. "사탄이 너를 밀 까부르듯 하려고 너를 청구(요구)하고 있다"고 말입니다. 베드로는 사탄에 의해서 밀 까부르듯 까불림을 당한 생애를 살았습니다. 그러나 주님이 베푸신 은혜로 인해, "네 믿음이 떨어지지 않기를 기도하였노니 너는 돌이킨 후에 네 형제를 굳게 하라"는 말씀을 받습니다. 사탄에 의해서 까불림을 당했으나 주님의 은혜로 회복하고 일어서서 주변의 형제들을 굳게 하는 삶의 아름다운 발자취를 남길 수 있었던 제자, 다른 말로 하면 '약했으나 마침내 강해진 제자', 이것이 바로 시몬 베드로의 생애였다고 할 수 있습니다.

마태, 마가, 누가, 이 세 복음은 공통된 관점에서 보았다고 해서 공관복음이라고 부릅니다. 이 공관복음과 사도행전 1장을 보면 열두 제자의 이름이 나오는데, 베드로의 이름이 항상 첫째로 등장합니다. 우리는 이러한 점을 토대로 베드로를 '수제자'라 칭하는데, 이처럼 머리가 되는, 으뜸이 되는 제자, 제자들 중에서 가장 리더 격이었던 제자가 바로 베드로였습니다.

그의 이름과 회심

그의 이름은 그의 회심, 즉 그가 구원받은 것, 예수님의 제자가 된 것과 깊은 관련이 있습니다. 성경의 어떤 부분에서는 '시몬'으로, 어떤 때는 '베드로'로, 또 어떤 경우에는 '시몬 베드로'로 불리곤 했는데, 그의 본명은 '시몬'입니다. '시몬'은 그 당시 아주 흔하고 보편적인 이름이었습니다. 얼마나 흔했는지, 열두 제자의 명단을 보면 또 한 명의 시몬이 있습니다. 바로 '열심당원 시몬'입니다. 이 제자에 대해서는 뒤에서 차차 살펴보게 될 것입니다. 마태복음 13장 55절에도 또 한 명의 시몬이 등장합니다. 아마도 사촌이 아니었을까 생각되지만, 예수님의 형제들 가운데도 시몬이라는 이름을 가진 사람이 있었습니다. 그리고 그 유명한 가룟 유다의 아버지 이름도 시몬이었습니다.

"예수께서 대답하여 이르시되 바요나 시몬아 네가 복이 있도다 이를 네게 알게 한 이는 혈육이 아니요 하늘에 계신 내 아버지시니라"(마 16:17).

예수님은 시몬을 부르실 때 '시몬아' 하지 않고 '바요나 시몬아'라고 하셨습니다. 무슨 뜻일까요? 이런 것을 가지고 고민해 본 경험이 있다면, 당신은 참 괜찮은 그리스도인입니다. '바요나 시몬아'에서 '바'는 '아들'이라는 뜻입니다. 그리고 '요나'는 '요한'과 같은 말입니다. 그러니까 '바요나'라는 말은 '요나의 아들' 혹은 '요한의 아들'이라는 뜻이 됩니다. 요한복음 21장 15절을 보십시오. 예수님은 베드로를 '요한의 아들 시몬아'

라고 부르셨습니다. 무엇을 알 수 있습니까? 시몬 베드로의 아버지 이름이 요한이었다는 것입니다.

그의 본명은 '시몬'이고, '베드로'는 새로운 이름입니다. 베드로는 그의 별명이었습니다. 베드로는 헬라어로 '페트로스'(petros)라 하는데, 이는 '반석', '큰 바위'라는 뜻입니다. 우리는 시몬이 주님으로부터 베드로라는 이름을 얻게 되는 상황을 요한복음 1장에서 찾아볼 수 있습니다.

> "요한의 말을 듣고 예수를 따르는 두 사람 중의 하나는 시몬 베드로의 형제 안드레라 그가 먼저 자기의 형제 시몬을 찾아 말하되 우리가 메시아를 만났다 하고(메시아는 번역하면 그리스도라)"(요 1:40-41).

안드레가 먼저 예수님을 만났습니다. 그는 예수님을 만나고 놀라운 사실을 깨달았습니다. 그분이 이스라엘 백성이 지금까지 기다려 왔던 인물, 곧 메시아임을 알게 된 것입니다. 메시아와 같은 뜻을 가진 말이 또 하나 있습니다. 무엇입니까? '그리스도'입니다. 동일한 의미를 아람어와 헬라어로 다르게 표기한 것입니다. 그리스도 혹은 메시아, 그 뜻은 '기름 부음을 받으신 자'입니다. 이스라엘 백성은 구약성경에서부터 예언된 메시아, 곧 하나님이 직접 기름을 부어 이 땅에 보내시어 세상 사람들의 모든 문제, 특히 죄를 해결하고 그들이 기다리던 참된 평안과 구원을 가져다줄 메시아를 기다려 왔습니다.

안드레가 예수님을 만난 배경은 '요한의 말을 듣고'라고 했습니다. 여기서 요한은 세례(침례) 요한을 가리킵니다. 요한이 어떤 설교를 했습니까? "보라 세상 죄를 지고 가는 하나님의 어린 양이로다"(요 1:29). 안드레는 이 메시지를 듣고 예수님을 만난 후, 그분이 정말 메시아임을 확신하게 되었습니다. 그리고 자기의 형제였던 시몬을 찾아간 것입니다. 그는 시몬을 찾아가 이렇게 말했습니다. "우리가 메시아를 만났다!" 얼마나 감격적인 증언입니까?

이어지는 말씀을 보십시오.

> "데리고 예수께로 오니 예수께서 보시고 이르시되 네가 요한의 아들 시몬이니 장차 게바라 하리라 하시니라(게바는 번역하면 베드로라)"(요 1:42).

위의 말씀에 베드로와 같은 단어가 또 하나 등장합니다. 무엇입니까? '게바'입니다. 베드로는 헬라어고, 게바는 아람어입니다. 당시 팔레스타인에서 보편적으로 사용되던 말은 '아람어'였습니다. 그래서 예수님은 이 땅에 계실 때 아람어를 사용하셨습니다. 지금으로 말하자면 '시리아어'입니다. 우리가 잘 알고 있는 '달리다굼', '엘리 엘리 라마 사박다니'라는 말은 모두 아람어입니다.

이때 처음으로 시몬과 예수님의 만남이 이루어졌습니다. 동생인 안드레에 의해서 예수님을 만나게 되었습니다. 예수님이 시몬을 만나 가장 먼저 베푸신 역사는 새로운 이름을 주는 것이었습니다. 이는 예수님과의 만남이 시몬에게 새로운 전환점이 되었다는 것을 우리에게 시사해 주는 장면입니다. '장차 게바라 하리라! 너를 '반석'이라 하리라!'

여기서 '반석'이 주는 이미지는 무엇입니까? 대개는 안정감, 육중함과 같은 느낌을 가질 것입니다. 하지만 이것은 사실 시몬에게는 전혀 어울리지 않는 별명이었음을 기억해야 합니다. 베드로는 그렇게 육중함이 있거나 안정감을 주는 사람이 아니었습니다. 요한복음 13장을 보십시오. 예수님이 제자들의 발을 씻기실 때 베드로의 차례가 왔습니다. 예수님이 베드로의 발을 씻기시려 하자 그는 펄쩍 뛰면서, "안 됩니다! 어떻게 선생님이 제 발을 씻기십니까? 제가 씻겨 드려야죠!" 하고 말했습니다. 이때 예수님이, "그래? 내가 너를 씻기지 않으면 너는 나와 상관이 없다" 하시자 이제는, "그래요? 그럼 씻겨 주실 바에는 아예 목욕을 시켜 주십시오!" 하고 말합니다. 네가 나와 상관이 없다는 예수님의 말씀에 충격을 받았던 것 같습니다. 참 재미있는 캐릭터입니다. 이런 모습으로 미루어 볼 때 그는 굉장히 감정적인, 기질적으로 아주 격한 감정을 가진 전형적인 다혈질의 소유자였다고 할 수 있습니다. 예수님은 이런 시몬에게 '네가 바위가 된다! 반석이 된다!'고 하셨습니다.

주목할 것은 이것입니다. 우리는 게바라는 말 앞에 붙어 있는 '장차'라는 단어에 주목해야 합니다. '지금이 아니라 장차 게바라 하리라. 장차 반석이 될 것이다.' 이는 예수님에 의해 변화될 그의 삶의 미래의 그림을 제시하신 것입니다. 그가 반석 같은 존재가 될 것이라고 말입니다. '마침내 교회가 세워지는 기초석(Foundation Stone)의 역할을 할 사람은 바로 너다. 너를 장차 베드로라 하리라!' 얼마나 놀랐을까요?

많은 성경학자들은 요한복음 1장에서 예수님이 시몬 베드로를 만나주신 것, 시몬이 예수님을 만나게 된 것이 바로 '회심'의 사건이었을 것이라고 추정합니다. 예수님을 만나고 그분의 말을 들으면서, 베드로도 안드레처럼 '저분이 정말 메시아시구나!'라고 믿었다면, 그때가 바로 구원의 순간인 것입니다. 그래서 예수님이 그에게 새로운 이름을 주셨다고 생각할 수 있습니다. 개신교에는 그런 실천이 없지만, 가톨릭에서는 영세를 받게 되면 '영세명'을 줍니다. 그래서 새로운 이름을 얻게 됩니다. 그것이 바로 '게바' 혹은 '베드로', '반석'과 같은 것입니다.

재미있는 것은, 복음서를 읽다 보면 예수님을 만나 변화된 베드로가 시간만 있으면 자꾸 옛날로 돌아가려는 경향을 보인다는 것입니다. 이는 우리 안에 아담의 성품, 옛 성품, 곧 죄악의 성품이 있기 때문입니다. 베드로만 그렇습니까? 우리도 마찬가지 아닙니까? 자꾸만 옛 생활로 돌아가려 하는 모습을 보일 때가 있지 않습니까? 그때가 되면 베드로라고 부르던 예수님이 다시 '시몬아'라고 부르십니다. 그가 유혹을 받을 때, 그가 과거로 회귀하려는 현상을 보일 때마다 '시몬아'라고 부르시는 모습을 볼 수 있습니다.

어쨌든 그렇게 예수님을 만나고 나서 그는 새로운 가능성을 가진, 새로운 인생의 길로 예수님을 따르는 제자의 삶을 시작했던 것입니다.

그의 소명

그가 구원받고 하나님의 아들, 예수님의 제자가 된 것은 사실이지만, 그가 예수님을 만났던 순간 소명을 받은 것은 아닙니다. 물론 구원과 주님의 제자로 부르심을 받아 주님의 일꾼으로 헌신하게 되는 소명은 같이 올 수도 있습니다. 가장 전형적인 실례가 바울의 사건이라고 생각합니다. 바울은 다메섹 도상에서 주님을 만났을 때, 그때 구원을 받습니다. 그러나 구원만 하신 것이 아니라, 동시에 주님이 그를 찾아와 이방인들을 위한 그릇으로 선택하십니다. 구원과 소명이 같이 주어진 것입니다. 하지만 베드로의 경우에는 구원받고 예수님이 메시아라는 것은 믿었지만, 여전히 그는 고기를 잡으면서 얼마 동안은 별로 뚜렷한 변화의 흔적 없이 삶을 계속해 왔을 가능성이 있습니다. 그러나 드디어 주님의 제자로서 자기의 시간을 바쳐 그를 따르지 않으면 안 될 결단을 해야 하는 순간이 찾아오게 됩니다.

앞에서도 이야기했듯이, 베드로와 안드레가 예수님을 만나는 데 중요한 역할을 했던 사람은 세례(침례) 요한입니다. 마가복음 1장 14절은 베드로와 안드레가 소명을 받는 장면인데, 그 장면은 이런 말로 시작합니다. "요한이 잡힌 후." 활동하던 요한이 잡혀 들어갔습니다. 한동안 시간이 지난 것입니다. 예수님이 갈릴리 바다를 지나다 보니 베드로와 안드레가 여전히 그물을 내려 고기를 잡고 있습니다. 그런 그들을 향해 예수님은 이렇게 도전하십니다. "나를 따라오라." 그러자 그들은 그물을 버려두고 예수님을 따르기 시작했습니다. 지금까지 해 왔던 일들을 포기하고 이제 본격적으로 주님을 따라가는 전혀 새로운 삶을 시작하게 된 것입니다. 소명의 삶이 시작된 것입니다.

이 장면은 누가복음 5장에 좀 더 자세히 묘사되어 있습니다. 베드로는 하루 온종일 그물을 내렸지만 그날따라 고기를 잡지 못했습니다. 그대로 돌아갈 수 없어 밤을 샜지만 여전히 고기를 잡지 못했습니다. 그렇게 밝아 온 새벽. 얼마나 허탈한 새벽이었겠습니까. 그때 누군가 나타나 묻습니다. "뭘 좀 잡았소?" "밤이 새도록 수고했지만 아무것도 잡지 못했습니다." "그러면 좀 더 깊은 곳으로 가 보시오!"

베드로는 갈릴리 바다에서 잔뼈가 굵은 사람입니다. 그는 바다에 관해서라면, 또 고기잡이에 있어서라면 둘째가라면 서러울 전문가였습니다. '당신 도대체 누구요? 당신이 뭘 안다고 그러시오? 보아하니 어부의 차림새도 아닌데….' 어쩌면 이러한 반응을 보이는 것이 정상일 것입니다. 하지만 그는 저항할 수 없는 권위를 느끼며 이렇게 대답합니다. "말씀대로 한번 해 보지요!" 그러고는 깊은 곳에 가서 그물을 내립니다. 그랬더니 그물이 찢어지도록 고기가 잡힙니다.

베드로는 이때 아주 파격적이고 우리 생각의 틀을 깨는 반응을 보입니다. 어떤 반응입니까? "주여! 저를 떠나십시오! 저는 죄인입니다." 왜 이런 반응이 나왔을까요? 아마도 그는 '바다의 깊은 곳을 꿰뚫어 보시는 분, 고기 떼가 어디에 모여 있는지를 아시는 분! 이런 분이 바닷속만 알고 나는 모르실까? 내 마음의 깊은 곳, 내가 살아왔던 과거, 은폐하고 있던 나의 은밀하고 비밀스러운 삶을 저분이 모르실까?'라고 생각했을 것입니다. 그래서 튀어나온 고백이, "주님, 저는 죄인입니다"였습니다. 한순간 그는 하나님 앞에 서는 것을 경험한 것입니다.

이 고백을 받으면서 하신 유명한 말씀이 바로 이것입니다. "그러면 이제 나를 따라오라. 모든 것을 버려두고 나를 따라오라. 내가 그대로 하여금 사람을 낚는 어부가 되게 하리라!" 고기를 잡는 것도 귀한 일이지만, 당신들은 고기만 잡을 것이 아니라 사람을 낚아야 한다는 것입니다. 하나님 없이 복음을 알지 못하고 사는 사람들에게 복음을 전해서 그 사람들을 하나님의 사람으로 만드는 일을 해야 한다는 것입니다. 그때 두 제자는 그물을 버려두고 예수님을 따라갔습니다. 본격적인 제자의 삶, 소명에 응답하는 삶이 시작된 것입니다. 이것이 베드로의 소명 사건입니다.

그의 체험

신앙생활은 어떤 의미에서 신앙을 계속 체험해 가는 일련의 과정입니다. 우리는 신앙을 가지면서 많은 것을 체험합니다. 또 체험하기를 원합니다. 그러나 가장 중요한 체험은 무엇일까요? 어떤 사람은 간증을 들으면서 방언이나 예언을 해 보고 싶다고 생각합니다. 신앙생활을 하다 보면 체험을 사모하는 마음이 일어나곤 합니다. 그리고 하나님은 어떤 사람들에게 그런 체험을 허락하십니다. 물론 체험은 다양합니다. 그러나 모든 그리스도인들에게 반드시 있어야 할 근본적이고도 보편적인 체험이 있는데, 그것은 예수님을 체험하는 것입니다.

우리는 예수님의 실존을 체험해야 합니다. 구세주와 주님으로 믿기 시작한 예수님, 그 예수님을 더 깊이 체험해 갈 수 있어야 합니다. 바울은 이런 간증을 했습니다. 예수님을 믿고 상당한 시간이 흘렀음에도 그는 여전히 이런 고백을 했습니다. "나는 그리스도를 더 알고 싶다!" 여기서 '알고 싶다'는 말은 지적인 추구가 아닙니다. 예수님을 더 깊이 체험하고 싶어 하는 갈망입니다.

시몬 베드로는 예수님이 얼마나 영광스러운 분인지를 체험합니다. 대표적인 두 가지 체험 사건이 있는데, 하나는 그 유명한 변화 산상의 체험이고, 다른 하나는 물 위를 걷는 체험입니다.

● 변화 산상의 체험

예수님은 대표적인 세 제자, 베드로와 야고보와 요한을 데리고 변화 산에 올라가 무엇을 보여 주셨습니까? 예수님이 누구와 더불어 나타나셨습니까? 구약의 가장 대표적 인물인 모세와 엘리야와 함께 나타나셨습니다.

예수님을 중심으로 좌우에 모세와 엘리야가 서 있고, 거기서 예수님이 놀랍게 변화된 모습으로 나타나십니다. 그러더니 스포트라이트가 예수님을 비추기 시작합니다. 모세나 엘리야를 비춘 것이 아닙니다. 그때 하늘에서 이런 소리가 들립니다. "이는 내 사랑하는 아들이다. 그의 음성을 들어라!" 베드로는 이날 아주 놀라운 체험을 하게 되었습니다. 그는 예수님의 놀라운 변화를 목격했고, 산에서 하나님의 영광을 보았으며, 자신의 온 존재를 던져서 듣고 따라야 할 그분을 새롭게 체험했습니다. 예수님의 영광을 체험한 것입니다.

● 물 위를 걷는 체험

변화 산상의 체험과 더불어 시몬 베드로의 인생에서 지나칠 수 없는 중요한 체험이 있다면, 저는 그것이 물 위를 걸었던 체험이라고 생각합니다. 우리는 대개 베드로가 물 위를 걸어가다가 빠진 것에 더 관심을 가집니다. 빠져서 살려 달라고 한 것 말입니다. 하지만 생각해 보면, 나중에 빠지기는 했지만, 적어도 빠질 때까지 걸어갈 수 있었던 용기가 가상하게 느껴집니다. 그런 시도를 할 수 있는 사람이 얼마나 될까요? 나중에 빠지더라도 일단 배에서 벗어나 물 위를 상당히 걸어갈 수 있었던 것, 이 것은 보통 사건이 아니란 말입니다.

베드로가 "나를 명하사 물 위로 오라 하소서" 하고 말하자 주님이 "오라!" 하십니다. 베드로는 예수님의 그 말을 믿고 걸어갔습니다! 몇 걸음을 걸었는지는 모르겠지만 믿음으로 발을 내디뎠습니다. 그러다가 물속으로 빠지게 되어 살려 달라고 부르짖자 예수님이 그를 살려 내며, "믿음이 작은 자여 왜 의심하였느냐" 하고 말씀하십니다. 예수님은 믿음이 없다고 하지 않으셨습니다. 믿음이 작다고 하셨습니다. 믿음이 없이 어떻게 물 위를 걸어갈 수 있었겠습니까. 잠깐일지라도 말입니다. 베드로에게는 그분을 계속해서 신뢰할 만한 충분하고 넉넉한 믿음이 없었던 것입니다.

베드로가 물 위를 걷기 전, 제자들은 배 위에서 거센 바람으로 인해 고난을 당하고 있었습니다. 이때 예수님이 바다 위로 걸어오며 두려워하는 제자들에게 이렇게 말씀하십니다. "안심하라 나니 두려워하지 말라"(마 14:27). 여기서 '나니'라는 말이 NIV 성경에는 이렇게 표현되어 있습니다. "It is I." 그런데 이는 굉장히 재미있는 표현입니다. 헬라어로는 '에고 에이미'(Ego eimi)라는 단어로 되어 있는데, 이것을 구약적으로 표현한 구절이 출애굽기에 등장합니다. 하나님이 모세를 찾아오셨을 때, 모세가 하나님에게 묻습니다. "하나님, 당신은 도대체 어떤 분이십니까?"(출 3:13 참조) 이때 하나님이 자신을 보여 주면서 모세에게 이렇게 말씀하십니다. "나는 스스로 있는 자이니라"(출 3:14). 영어 성경인 KJV은 이를 "I AM

THAT I AM"으로 옮겼습니다. 그분은 항상 'I AM'이십니다. 그분은 항상 현재이십니다. 과거에도 있었고, 지금도 있고, 앞으로도 계속 있을 분이십니다. 이때 'I AM'이라는 표현은 신의 현존을 나타내는 중요한 단어입니다.

예수님의 '나니'라는 말은 단순히 예수님 자신을 가리키는 표현이 아니라, '내가 하나님이야!'라는 말입니다. 이는 예수님의 신성에 관한 놀라운 선언입니다. 예수님의 선언을 듣고 물 위를 걷는 체험을 한 이후, 베드로와 함께 배 위에 타고 있던 제자들은 엎드려 절하며 이렇게 고백합니다. "당신은 진실로 하나님의 아들이십니다"(마 14:33 참조). 이 고백과 함께 그분을 경배했다고 기록됩니다. 예수님을 하나님으로, 혹은 하나님의 아들로서 깊이 신뢰하는 믿음의 체험을 하게 된 것입니다.

방언이나 예언은 하면 좋고, 안 해도 크게 문제 될 것이 없습니다. 이는 은사 중에 하나일 뿐, 구원과는 상관이 없기 때문입니다. 그러나 반드시 해야 할 것이 있습니다. 그것은 예수님 체험입니다. 신앙생활은, 예수님이 하나님이시고, 우리의 구세주시고 주님이심을 계속적으로 체험해 가는 과정입니다. 이것을 날마다 확인하고 체험해 가는 것, 그것이 바로 예수 그리스도의 제자 된 신앙생활입니다.

그의 신앙 고백

신앙 고백은 가끔 한 번 하는 것이 아니라, 예수를 믿는 사람이라면 평생 동안 믿음을 고백하며 살아가는 것입니다. 몸으로 고백하고, 입술로 고백하고, 우리의 존재로 고백하고, 우리의 생활로 고백하는 것입니다. 신앙 고백처럼 중요한 것은 없습니다.

베드로의 인생 발자취에서 그가 남긴 놀라운 도전 가운데 하나는, 진정한 신앙 고백이 무엇인가를 우리에게 보여 준 것입니다. 그 사건은 마태복음 16장 15절 이하에서 볼 수 있습니다. 십자가 사건이 일어나기 얼마 전, 제자들을 이끌고 가이사랴 빌립보로 향하신 예수님은 3년 가까이 함께했던 제자들이 당신을 얼마나 잘 알아 왔는지를 테스트하기 원하셨습니다. 일종의 제자 훈련 졸업식을 앞두고 마지막 졸업 시험을 치르신 것입니다. 시험 문제는 딱 두 가지였습니다.

첫째, "사람들이 인자를 누구라 하느냐."

둘째, "너희는 나를 누구라 하느냐."

이것보다 중요한 질문은 없습니다. 그분을 누구로 알고 믿느냐에 멸망이 좌우되고, 생사가 결정됩니다. 결국 신앙생활이라는 것은 예수님을 구세주로 발견하고, 그분이 구원이요, 희망이요, 기쁨이심을 선포하며 사는 것입니다.

이때 베드로의 유명한 고백이 무엇입니까? "주는 그리스도시요, 살아 계신 하나님의 아들이십니다." 주님이 곧 그리스도시라는 것입니다. 당신이 우리가 기다려 왔던, 구약 시대부터 사모하고 기다렸던 그 그리스도시라는 것입니다. 이 고백을 받은 예수님은 너무나도 좋아하셨습니다. 그때처럼 좋아하셨던 적이 없습니다. "바요나 시몬아! 이것은 너 스스로 깨달은 것이 아니야. 하나님이 알도록 도와주신 거야." 이것이 베드로의 신앙 고백 사건입니다.

그의 시험과 예수 부인

베드로를 생각하면 필름처럼 지나가는, 기억하지 않을 수 없는 사건 하나가 있습니다. 그것은 예수님을 부인했던 사건입니다. 그가 예수님을 시험하고 부인하게 된 그 결정적 사건을 우리는 어떻게 이해할 수 있으며, 그 동기는 무엇이고, 어째서 예수님을 부인하게 되었는지를 살펴보려 합니다.

저는 그 원인이 그의 자신감 때문이라고 생각합니다. 그는 자신이 굉장히 강한 사람이라고 착각했습니다. 그리스도인이 가장 강할 수 있는 때는 언제입니까? 자신의 연약함을 알아 주님을 찾고, 부르고, 의존할 때입니다. 반대로 그리스도인이 가장 약해지는 순간은 언제입니까? 자신이 강하다고, 주님의 도움 없이도 살 수 있다고 착각하는 순간입니다. 이것을 역설이라고 합니다.

베드로가 시험에 빠지는 장면을 보십시오.

"예수께서 제자들에게 이르시되 너희가 다 나를 버리리라 이는 기록된바 내가 목자를 치리니 양들이 흩어지리라 하였음이니라"(막 14:27).

예수님의 이러한 말씀에 베드로는 어떤 반응을 보였습니까?

"다 버릴지라도 나는 그리하지 않겠나이다"(막 14:29).

다 버려도 자신은 절대로 버리지 않을 거라고 큰소리를 쳤습니다. 그러자 예수님이 말씀하셨습니다.

"내가 진실로 네게 이르노니 오늘 이 밤 닭이 두 번 울기 전에 네가 세 번 나를 부인하리라"(막 14:30).

이 명확한 경고를 받고 보인 베드로의 반응을 보십시오.

"베드로가 힘 있게 말하되 내가 주와 함께 죽을지언정 주를 부인하지 않겠나이다"(막 14:31).

제가 늘 농담 삼아 하는 말이 있습니다. "신앙은 '자신만만'하면 안 됩니다. '주신만만'해야 합니다. 주님만을 신뢰해야 합니다." 우리는 스스로를 믿을 수 없기에 예수님을 믿는 것입니다. 우리가 그렇게 자신만만하다면 왜 예수님이 필요하겠습니까. 자신의 연약함을 알아야 합니다. 자신의 약점을 알고 주님에게 도와달라고 말할 때, 늘 깨어서 살아 계신 주님 앞에 자기 삶의 문제를 아뢰고 그분을 붙들고 있을 때가 사실은 가장 강한 순간입니다. 예수님이 도와주지 않아도 살아갈 수 있을 것처럼, 얼마든지 인생을 꾸려 나갈 수 있을 것처럼 자신만만한 때가 사실은 가장 위험한 순간입니다.

마침내 예수님을 세 번 부인하고 저주까지 한 베드로. 그러나 베드로의 인생 스토리는 여기서 끝나지 않습니다.

그의 회개와 헌신

예수님을 판 가룟 유다와 예수님을 부인하고 저주한 베드로, 이 둘의 죄질을 비교하면 누구의 죄가 더 무거울까요? 베드로의 죄가 더 무거울 것입니다. 유다는 예수님을 팔았지만, 베드로는 예수님을 저주했습니다. 세 번 부인했을 뿐만 아니라 저주까지 한 것입니다. 그런데 차이는 무엇입니까? 유다는 회개하지 않은 반면, 베드로는 회개했습니다. 유다도 후회는 했습니다. 뉘우치기도 했습니다. 하지만 주님 앞으로 돌아오지는 않았습니다. 주님 앞으로 돌아와 주님과의 관계가 회복되어야 진정한 회개인데, 뉘우침만 있을뿐 회개는 없었습니다. 반면 베드로는 주님 앞으로 다시 돌아왔습니다. 두 번째 닭이 울고 난 후, 그는 밖으로 뛰쳐나갑니다. 그리고 통곡하기 시작합니다. 그리고 주님 앞에 기도했을 것입니다. "주님, 제가 실패했습니다." 이렇게 자백하면서 주님 앞으로 돌아오기 시작합니다. 그때 베드로는 마치 깨어진 진흙덩이 같았지만, 그가 깨어지는 순간 주님은 그를 붙들어서 반석 같은 인생을 본격적으로 만들어 가기 시작하십니다.

드디어 부활하신 주님이 갈릴리의 새벽 바다로 다시 이 베드로를 찾아오십니다. 그리고 자신을 세 번 부인했던 제자에게 세 번 사랑을 확인하십니다. "너, 아직도 나를 사랑하니?" "네. 제가 주님 사랑하는 거, 주님이 아시잖아요?" 이렇게 사랑을 확인하면서 주님이 세 번에 걸쳐 주신 명령이 무엇입니까? "내 어린 양을 먹이라!" 이것이 목회의 소명, 목양의 소명입니다. "나를 사랑한다면 추상적으로 말하지 말고, 내가 사랑하는 주변의 영혼들을 네가 좀 챙겨라! 잘 돌봐 주어라." 이때부터 그는 달라집니다. 이때부터 진실로 변화되기 시작한 것입니다. 목자의 소명을 본격적으로 감당하기 시작하는 베드로의 모습을 볼 수 있습니다.

시엔키에비치(Henryk Sienkiewicz)의 《쿠오바디스》라는 소설에 이런 내용이 있습니다. 당시 네로 황제의 유명한 로마 방화사건이 있은 후, 그는 그 방화의 핑계를 그리스도인들에게로 돌려 그들을 핍박하기 시작합니다. 이때 핍박을 피해 로마를 벗어나려던 베드로가 반대 방향에서 시내로 향하시는 예수님을 만나게 됩니다. 그리고 깜짝 놀라며 묻습니다. "쿠오바디스, 도미네?" 이는 "주님, 어디로 가십니까?"라는 물음입니다. 이 물음에 주님은, "나는 네가 버리고 가는 저 양 떼들에게로 간다"라고 말씀하십니다. 이때, 또 한 번 깨어진 그는 이렇게 말합니다. "제가 가겠습니다. 제가 가서 그 양 떼들을 돌보겠습니다."

베드로가 변했습니다. 더 이상 예전의 베드로가 아닙니다. 사도행전의 베드로는 복음서의 베드로와 확실히 다른 모습입니다. 오순절 부흥의 장에서 한 번의 설교로 삼천 명을 회개시키는 하나님 역사의 당당한 주역으로 떠오르기 시작합니다. 그리고 더 이상 비겁하지 않습니다.

"그들을 끌어다가 공회 앞에 세우니 대제사장이 물어 이르되 우리가 이 이름으로 사람을 가르치지 말라고 엄금하였으되 너희가 너희 가르침을 예루살렘에 가득하게 하니 이 사람의 피를 우리에게로 돌리고자 함이로다"(행 5:27-28).

이에 대해 베드로는 이렇게 대답합니다.

"사람보다 하나님께 순종하는 것이 마땅하니라"(행 5:29).

박해에 맞서 포기할 수 없는 복음 전도의 소명을 당당하게 확인하는 베드로의 모습을 보십시오! 그는 달라졌습니다! 이 베드로를 통해서 초대 교회가 세워지기 시작하는 것입니다. 그리고 이러한 이유로 가톨릭에서는 초대 법황(교황)을 베드로라고 말하는 것입니다. 그만큼 초대 교회에서 베드로의 역할이 중요했던 것은 사실입니다.

그의 죽음

베드로의 죽음에 관한 여러 전승이 있습니다. 버전도 여러 가지입니다. 성경은 구체적으로는 말하지 않지만, 한 부분에서 베드로가 어떻게 죽을 것인지를 암시합니다. 베드로의 순교에 대한 암시라고 할 수 있습니다.

"내가 진실로 진실로 네게 이르노니 네가 젊어서는 스스로 띠 띠고 원하는 곳으로 다녔거니와 늙어서는 네 팔을 벌리리니 남이 네게 띠 띠우고 원하지 아니하는 곳으로 데려

가리라 이 말씀을 하심은 베드로가 어떠한 죽음으로 하나님께 영광을 돌릴 것을 가리키심이러라 이 말씀을 하시고 베드로에게 이르시되 나를 따르라 하시니"(요 21:18-19).

이는 이런 뜻입니다. '네가 젊어서는 네 마음대로 살았다. 그래서 실수도 하고 넘어지기도 했으며, 나를 부인하기도 했다. 그러나 늙어서도 이렇게 실수하고 살아서는 안 되겠기에 내가 너를 붙들 것이다.' 그리고 이어서 그의 죽음에 대한 암시가 등장합니다. '이는 베드로가 어떠한 죽음으로 하나님에게 영광 돌릴지를 말씀하신 것이다.' 그의 마지막은 부끄러움이 아니라 영광스러움이 될 것이라는 암시입니다. 순교의 죽음을 암시하신 것입니다.

유세비우스(Eusebius)라는 역사가의 기록에 보면, 그는 교부였던 클레멘트(Clement)의 말을 인용해서 이렇게 말합니다. 그는 로마에서 아내와 함께 체포를 당했다고 합니다. 죽어 가는 아내를 향해, 예수를 부인하면 놓아 주겠다고 회유하는 말을 듣고 베드로는 아내에게 이렇게 말합니다. "내 사랑하는 아내여! 주님을 기억하시오!" 그러면서 아내의 순교의 죽음을 격려했다고 합니다. 아내가 죽은 후 자기 차례가 왔을 때 그는, "한 가지 부탁이 있소! 나는 십자가에 그대로 매달릴 자격이 없소! 나를 거꾸로 매달아 주시오!"라고 말하고는, 십자가에 거꾸로 매달린 채 손을 들고 주를 찬양하며 자기의 마지막 생명을 드렸다는 전승이 남아 있습니다. 그의 마지막은 하나님에게 영광이었습니다.

성경에는 베드로가 남긴 마지막 유언이 있습니다.

"오직 우리 주 곧 구주 예수 그리스도의 은혜와 그를 아는 지식에서 자라 가라 영광이 이제와 영원한 날까지 그에게 있을지어다"(벧후 3:18).

베드로는 소위 기복이 심한, 굴곡이 심한 신앙생활을 해 왔습니다. 그러나 다시 일어설 수 있었던 것은, 넘어질 때마다 하나님의 은혜가 그를 붙들고 계심을 체험했기 때문일 것입니다. 그의 생애 가운데 주님의 은혜처럼 중요한 것은 없었습니다. 또 하나, 그는 자신의 생애를 통해서 주님을 깊이 알아 갈수록 그분이 얼마나 존귀한 분인가를 체험해 갔습니다. 자신의 시련과 넘어졌던 경험을 통해 베드로는 유언처럼 남기는 메시지 가운데서, 신앙생활에서 가장 중요한 것은 일관성 있는 영적인 성숙이라고 당부하고 싶었을 것입니다. 그래서 "오직 우리 주 곧 구주 예수 그리스도의 은혜와 그를 아는 지식에서 자라 가라"는 말을 마지막으로 남긴 것입니다.

그렇습니다. 그는 넘어질 때마다 하나님의 은혜를 붙들고 다시 일어났으며, 그 주님을 체험해 가면서, 그 좋으신 주님을 의뢰하면서 마침내 주님에게 붙들림을 받아 영광스러운 최후를 마칠 수 있었습니다. 약했지만 마침내 강하게 된 제자! 동일한 주의 은혜가 우리를 붙잡아 주신다면, 그리고 그분을 더 깊이 알아 가는 지식 가운데 거할 수 있다면, 우리도 연약하지만 그렇게 자라 가게 될 것입니다.

베드로 이상의 연약함이 있다 할지라도 마침내 주님 손에 붙잡힘을 받으면 약하나 강한 제자, 베드로와 같은 제자의 자리에 서게 될 것을 믿으십시오. 베드로에게 임한 그 은혜와 축복이 함께하기를 소망하십시오.

베드로(Peter, 본명은 '듣는 자' 또는 '복종'을 뜻하는 '시몬'[Simon]이었으나 예수가 '반석'이라는 뜻의 아람어 '게바'[헬라어로 베드로]로 지어 줌)

- 갈릴리 바다 북쪽 벳새다에서 태어남
- 요한(또는 요나)의 아들이며 안드레의 형 (요 1:44)
- 기혼자
- 어부 출신으로 동생인 안드레와 동업 (마 4:18)
- 안드레의 도움으로 예수를 만난 후, 그의 즉각적인 부름에 응답 (마 4:18-20)
- <베드로전·후서>를 기록
- 예수의 첫 번째 제자 무리에 속하며, 첫 이적인 가나의 혼인 잔치 때 물을 포도주로 바꾸는 현장에 있었음 (요 2:1-11)
- 복음서와 사도행전에 가장 많이 등장한 인물이며, 예수의 공생애 기간 동안 가장 측근에서 활동
- 예수를 세 번 부인
- 부활하신 주님을 만나 "내가 주님을 사랑하는 줄을 주님께서 아시나이다"(요 21장) 라고 세 번 고백
- 오순절 마가의 다락방에서의 설교로 삼천 명을 회개시킴
- 수많은 병든 자와 귀신 들린 자들을 치유
- 복음 전파에 힘을 써 이방인의 사도로 불림
- "주는 그리스도시요 살아 계신 하나님의 아들이시니이다"(마 16:16)라고 고백
- 예수로부터 '반석 위에 교회를 세우고 천국 열쇠를 주겠다'는 약속을 받음 (마 16:18-19)
- 폭군 네로 황제에 의해 십자가에 거꾸로 매달려 순교한 것으로 전해짐
- 가톨릭에서는 초대 교황으로 여김, 바티칸성당 지하에 베드로의 무덤이 있음

한 영혼 비전의 전도자

○●

안드레

● 인물 마인드맵 _ **안드레**

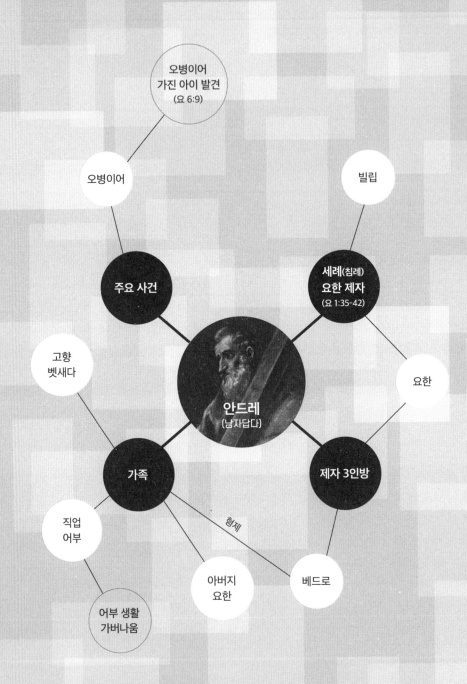

오병이어
가진 아이 발견
(요 6:9)

오병이어

빌립

주요 사건

세례(침례)
요한 제자
(요 1:35-42)

고향
벳새다

요한

안드레
(남자답다)

가족

제자 3인방

직업
어부

형제

어부 생활
가버나움

아버지
요한

베드로

○ 요 1:40-42

요한의 말을 듣고 예수를 따르는 두 사람 중의 하나는 시몬 베드로의 형제 안드레라 그가 먼저 자기의 형제 시몬을 찾아 말하되 우리가 메시아를 만났다 하고(메시아는 번역하면 그리스도라) 데리고 예수께로 오니 예수께서 보시고 이르시되 네가 요한의 아들 시몬이니 장차 게바라 하리라 하시니라(게바는 번역하면 베드로라)

안드레에게 별명을 붙인다면 '한 영혼 비전의 전도자'라고 할 수 있습니다. 한 영혼에 대한 비전을 품고 살았던 전도자가 바로 안드레입니다.

그의 배경과 회심

안드레는 누구의 형제입니까? 베드로의 형제입니다. 그는 자기의 형님인 베드로와 함께 어업에 종사하고 있었습니다. 그는 갈릴리 벳새다 출신으로, 아마도 태어난 고향은 벳새다지만 같은 갈릴리 지역 안에 있는 가버나움에서 성장했던 것으로 보입니다. 가버나움과 벳새다는 그렇게 멀리 떨어져 있는 지역이 아닙니다.

마가복음에는 시몬 베드로와 안드레의 집에 대한 언급이 나옵니다.

"회당에서 나와 곧 야고보와 요한과 함께 시몬과 안드레의 집에 들어가시니"(막 1:29).

여기에 주목해 볼 만한 두 가지가 있습니다. 첫째는, 야고보와 요한, 안드레와 시몬이 함께 나온다는 것입니다. 네 사람은 모두 어부 출신입니다. 그래서 안드레와 베드로 형제, 야고보와 요한 형제가 제자들 가운데서도 함께 다녔던 것으로 보입니다. 둘째는, 예수님이 회당에서 나오셨다는 것입니다. 여기서 회당은 마가복음 1장 21절에 언급된 그 회당입니다.

"그들이 가버나움에 들어가니라 예수께서 곧 안식일에 회당에 들어가 가르치시매."

그러니까 이 회당은 가버나움 회당입니다. 가버나움 회당에서 나와 시몬과 안드레의 집에 들어가셨다는 것입니다. 시몬과 안드레의 집이 회당과 가까운 곳에 있었던 것으로 보입니다. 실제로 가버나움이라는 도시 입구에는 'Town of Jesus'(예수님의 마을)라는 팻말이 붙어 있고, 가버나움 회당 터 바로 옆 5미터도 안 되는 곳에 시몬과 안드레의 집터가 고고학적으로 발굴, 보존되어 있는 것을 발견할 수 있습니다.

이들은 벳새다 출신이지만 가버나움에서 자랐습니다. 그리고 야고보, 요한과 함께 네 제자는 고기잡이를 하면서 생계를 꾸려 나갔던 것으로 보입니다. 그런데 어떻게 해서 안드레가 예수님을 믿게 되었을까요? 요한복음 1장에서 안드레의 회심의 배경을 짐작할 수 있습니다. 어느 날 그는 자신의 생애 가운데 복음의 영향을 결정적으로 받고, 그로 하여금 예수 그리스도의 제자가 되게 한 메시지를 듣게 됩니다.

"이튿날 요한이 예수께서 자기에게 나아오심을 보고 이르되 보라 세상 죄를 지고 가는 하나님의 어린 양이로다"(요 1:29).

앞선 장에서도 살폈던 것처럼, 위의 말씀에서의 요한은 세례(침례) 요한입니다. 그 요한이 예수님이 자기에게 나아오심을 보고, "보라 세상 죄를 지고 가는 하나님의 어린 양이로다"라고 말했습니다. 이것이 아마 요한이 설교할 때마다 초점을 두었던 메시지의 핵심이었던 것으로 보입니다. 세례(침례) 요한의 사명은 예수님을 높이는 것, 그분의 오실 길을 준비하는 것이었기 때문입니다. 같은 메시지가 35절 이하에 반복됩니다.

"또 이튿날 요한이 자기 제자 중 두 사람과 함께 섰다가 예수께서 거니심을 보고 말하되 보라 하나님의 어린 양이로다"(요 1:35-36).

이 메시지를 증거할 때 '자기 제자', 곧 세례(침례) 요한의 제자 중 두 사람이 있었다고 했습니다. 그리고 37절에 보면 두 제자가 그의 말을 듣고 예수를 따랐다고 했습니다. 이 두 제자가 누구입니까? 요한복음 1장 40절에서 그 답을 찾을 수 있습니다.

"요한의 말을 듣고 예수를 따르는 두 사람 중의 하나는 시몬 베드로의 형제 안드레라."

두 제자 중 한 사람은 베드로의 형제 안드레였습니다. 그러면 또 한 사람은 누구일까요? 바로 요한복음을 기록한 '사도 요한'이었을 것입니다. 사도 요한은 요한복음을 기록하면서 자기의 이름을 밝히지 않습니다. 이스라엘은 동양권에 속하기 때문에, 자기를 은근히 감추고 이름을 표기하지 않는 동양적 매너를 따랐던 것으로 보입니다. 그 대신 '예수께서 사랑하시는', '또 다른 제자'라고 하면서 자신을 암시하는 것을 볼 수 있습니다.

어쨌든 여기서 알 수 있는 것은, 안드레가 어떻게 해서 예수님의 제자가 되었는지에 관한 것입니다. 세례(침례) 요한이 증거했던 예수님에 대한 메시지를 듣고, 예수님이 세상 죄를 지고 가는 하나님의 속죄의 어린 양, 곧 우리의 죄의 문제를 해결하기 위해 오신 약속된 메시아라는 사실을 깨닫게 된 것입니다. 그것을 깨달았다는 증거가 있습니다.

> "그가 먼저 자기의 형제 시몬을 찾아 말하되 우리가 메시아를 만났다 하고(메시아는 번역하면 그리스도라)"(요 1:41).

"그분이 바로 우리가 기다려 왔던 메시아다! 그분이 그리스도다!"라고 고백했습니다. 이것이 바로 안드레가 회심한 배경이라는 것을 알 수 있습니다. 그런데 안드레와 사도 요한이 예수님을 만나자마자 처음으로 보였던 반응은 무엇입니까?

> "두 제자가 그의 말을 듣고 예수를 따르거늘 예수께서 돌이켜 그 따르는 것을 보시고 물어 이르시되 무엇을 구하느냐 이르되 랍비여 어디 계시오니이까 하니(랍비는 번역하면 선생이라)"(요 1:37-38).

예수님이 자신을 따르는 두 제자에게, "너희들, 나를 왜 따라오느냐? 원하는 게 무엇이냐?"라고 물으십니다. 이때 그들은, "저는 복권에 당첨되기를 원합니다", "아파트에 당첨되기를 원합니다"라는 대답이 아닌, "선생님은 어디에 계십니까? 어디에 사십니까?"라고 대답합니다. 왜 이와 같이 틀을 깨는 엉뚱한 반응이 나왔을까요? 그 이유는, 그분이 계신 곳을 알아 두어 그분과 계속 교제하고 싶은 마음이 생겼기 때문입니다. 한 번 인사하고 만나는 것으로 지나갈 분이 아니기에, 그분과의 교제를 열망하는 반응을 보였던 것으로 볼 수 있습니다.

이때 예수님의 대답은 무엇입니까? "와서 보라"고 하십니다. 그분은 결코 거절하는 법이 없으십니다. 그분은 항상 문을 열어 놓고 "와서 보라!" 하며 우리 모두를 초청하십니다. 예수님의 초청에 두 제자는 가서 계신 곳을 보고 그날 함께 거했다고 기록합니다. 아마 그 교제를 통해서 예수님의 메시아 되심에 대한 확신을 갖게 되었을 것입니다.

안드레는 그분이 메시아라는 것을 확신했을 때 견딜 수가 없었습니다. 더 이상 참을 수가 없었습니다. 그래서 형님을 찾아가 뭐라고 말합니까? "시몬! 내가 오늘 메시아를 만났어! 내가 메시아를 만났단 말이야!" 이것이 바로 안드레가 예수님을 만나 회심한 후 그를 그리스도로 고백하고 그의 제자가 되었던 회심의 배경입니다.

그의 소명과 사역

예수님을 그리스도로 만나고 고백하는 것이 바로 구원입니다. 그렇다면 요한복음 1장에서 그의 구원이 이루어졌다고 할 수 있습니다. 그런데 구원은 이루어졌지만 아직 본격적으로 예수님의 사역 가운데 자신을 던지지는 못했습니다. 그러다 드디어 안드레가 자기의 형제였던 베드로와 함께 소명을 받는 순간이 찾아옵니다.

"요한이 잡힌 후 예수께서 갈릴리에 오셔서 하나님의 복음을 전파하여"(막 1:14).

그리고 16-17절을 보십시오.

"갈릴리 해변으로 지나가시다가 시몬과 그 형제 안드레가 바다에 그물 던지는 것을 보시니 그들은 어부라 예수께서 이르시되 나를 따라오라 내가 너희로 사람을 낚는 어부가 되게 하리라 하시니."

14절은 어떤 문구로 시작됩니까? "요한이 잡힌 후." 그러니까 꽤 시간이 경과된 것입니다. 요한복음 1장에서 설교하던 세례(침례) 요한이 이제 시간이 지나 감옥에 갇히게 된 것입니다. 그런데 예수님을 다시 만났을 때 베드로와 안드레는 무엇을 하고 있었습니까? 성경은 고기를 잡고 있었다고 말씀합니다. 그러자 예수님은 뭐라고 말씀하십니까? "나를 따라오라. 내가 너희로 사람을 낚는 어부가 되게 하겠다." 너희는 고기만 낚을 것이 아니라 사람을 낚아야 한다고, 사람들에게 복음을 전해서 하나님의 사람을 만드는 제자의 삶을 살아야 한다고 부르신 것입니다. 그러자 이 두 사람은 그물을 버려두고 예수님을 따라갔습니다. 이것이 구체적으로 안드레가 소명에 응답하는 순간이었다고 할 수 있습니다.

저는 이 결단을 베드로보다도 안드레가 주도적으로 하지 않았을까 생각합니다. 물론 나중에는 베드로가 더 중요한 리더가 되고, 또 하나님의 도구로 쓰임 받는 지도자가 되지만, 그러나 이 단계에서는 안드레가 주도해서 함께 예수님을 따라 나선 것이 아니었을까 생각해 봅니다. 재미 있는 것은, 안드레라는 이름의 뜻이 '남자답다'입니다. 이렇게 볼 때, 순서적으로 말한다면 안드레가 제자들 가운데서 가장 먼저 부르심을 받았습니다. 베드로보다도 먼저 만났고, 어떤 의미에서는 가장 먼저 부름 받고, 가장 먼저 응답했다고 할 수 있습니다.

그는 자기의 형제였던 시몬 베드로와는 전혀 다른 성격의 소유자였을 것이라고 생각합니다. 따라서 두 사람은 성격과 기질에 있어 리더십 스타일 또한 달랐을 것입니다. 베드로는 많은 사람을 거느릴 수 있는 집단적 지도자의 성격이 짙습니다. 아주 다혈질적이고 많은 사람들에게 감동과 영향을 끼칠 수 있는 지도자가 베드로였습니다. 하나님은 그를 통해 삼천 명이나 회개시키는 놀라운 역사를 행하셨고, 오순절 부흥 운동의 주역으로 베드로를 사용하셨습니다. 그러나 하나님은 안드레를 전혀 다른 의미의 지도자로 쓰셨습니다. 안드레는 집단적 지도자라기보다는 개인적 지도자, 요즘으로 말하면 '멘토링 스타일의 지도자'였다고 할 수 있습니다. 베드로가 다혈질이었다면, 안드레는 조용하지만 속 깊은 심지를 가진 점액질의 남자였을 것이라고 생각합니다. 아주 따뜻한 남자였을 것이라고 생각합니다. 베드로는 매우 소중한 인물이지만, 그의 일생은 안드레 없이는 불가능했을 것입니다. 안드레가 없었다면 그는 하나님의 사람으로 결코 존재할 수 없었을 거라는 사실을 기억해야 합니다.

안드레가 베드로를 인도할 때의 상황을 묘사한 내용 가운데 우리가 결코 지나치지 말아야 할 것이 있습니다. 요한복음 1장 42절을 보십시오. 이 말씀에서 전도, 특별히 개인 전도의 가장 확실하고 분명한 성경적 정의를 얻을 수 있습니다.

> "데리고 예수께로 오니 예수께서 보시고 이르시되 네가 요한의 아들 시몬이니 장차 게바라 하리라 하시니라(게바는 번역하면 베드로라)."

누가 누구를 데리고 왔습니까? 안드레가 시몬 베드로를 데리고 예수님 앞으로 왔습니다. 전도란 무엇입니까? '한 영혼을 데리고 예수님 앞으로 오는 것', 이것이 전도입니다. 전도에 대한 정의 가운데 이보다 더 확실하고 아름다운, 정확한 정의가 어디 있습니까? 이때부터 안드레는 이러한 개인적 인도의 사역, 개인적인 전도 사역에 주로 쓰임 받게 되는 것을 볼 수 있습니다. 이것이 안드레의 하나의 라이프스타일이 됩니다.

> "그들이 갈릴리 벳새다 사람 빌립에게 가서 청하여 이르되 선생이여 우리가 예수를 뵈옵고자 하나이다 하니"(요 12:21).

이 말씀에서 '그들'이 누구인지는 앞 절인 20절에서 찾을 수 있습니다.

"명절에 예배하러 올라온 사람 중에 헬라인 몇이 있는데."

유대인이 아닌 헬라인(그리스 사람), 곧 이방인입니다. 이방 사람 몇 명이 예수님의 제자들을 찾아온 것입니다. 그리고 예수님의 제자 가운데 빌립을 찾아가서 이런 부탁을 했습니다. "선생이여! 우리가 예수님을 만나고 싶습니다." 예수님에 대한 면회 신청을 한 것입니다. 이 사람들은 아마 빌립을 먼저 만나게 되어 그에게 예수님을 만나러 왔다고 한 것으로 보입니다. 이때 흥미로운 것은, 그러면 빌립이 헬라인 몇 사람을 데리고 예수님 앞으로 직접 가면 될 일인데 그러지 않았다는 것입니다. 다음 절인 22절을 보십시오.

"빌립이 안드레에게 가서 말하고 안드레와 빌립이 예수께 가서 여쭈니."

빌립은 이 사람들을 데리고 안드레에게로 갑니다. 그는 아마 이렇게 말했을 것입니다. "이 사람들이 예수님을 만나고 싶다는데요?" "그래? 그럼 내가 만나게 해 드릴게!" 그런 후에 빌립은 안드레와 함께 헬라인 몇 사람을 예수님 앞으로 인도합니다.

안드레는 예수님과 자연스럽고 편한 관계를 맺어, 사람들을 예수님과 만나게 해 주는 역할을 했던 것 같습니다. 이전에 베드로를 데리고 예수님 앞으로 왔던 것처럼 말입니다. 이를 통해 유추해 보건대, 안드레는 예수님의 제자들 가운데서 마치 비서실장과 같은 역할을 하지 않았을까 생각합니다.

그의 사역 스타일

이제 한 걸음 더 나아가 그의 사역 스타일을 생각해 보겠습니다. 안드레는 어떤 식으로 사역을 했을까요? 그는 물론 자신의 기질을 따라 했을 것입니다.

● 개인적 관심의 사역

앞에서 말한 대로, 그는 개인적 관심을 통해 사역하는 개인 전도자의 삶을 살게 됩니다. 베드로처럼 수많은 사람들을 모아 놓고 하나님의 복음을 선포하는 선포자나 설교자의 역할이 아니라 개인적인 관심을 통해 사역하는 스타일 때문에, 최근 개인 전도를 할 때 '안드레 작전'이라는 말을 쓰는 것을 볼 수 있습니다. 삼천 명을 회개시킨 베드로는 될 수 없어도 안드레는 될 수 있다는 것입니다. 이는 삼천 명을 인도할 수 있는 한 사람을 개인적으로 인도하는 사람이 될 수 있다는 것입니다. 이것은 베드로 이상으로 중요한 사역이라 할 수 있습니다.

어느 정도 신앙생활을 해 온 교인이라면 무디(D. L. Moody)라는 이름을 들어 보지 못한 사람은 거의 없을 것입니다. 목사님들의 설교나 성경 공부를 통해서 우리는 자주 무디라는 이름을 듣습니다. 그러나 에드워드 킴볼(Edward Kimball)이라는 이름은 어떻습니까? 에드워드 킴볼은 무디를 예수님 앞으로 인도한 사람입니다.

무디는 미국의 보스턴에서 구두를 고치는 수선공이었고, 킴볼은 보스턴에 있는 한 교회의 주일학교 교사였습니다. 특별히 밖에 나가서 전도하기를 좋아했던 킴볼은 어느 날 구둣방에 있는 한 청년을 보게 됩니다. '아! 저 청년의 얼굴을 보니 희망도 없고 절망스러워 보이네. 저 청년에게 복음을 전했으면 좋겠다! 지금 한창 구두를 고치는 중인데, 가면 실례가 되지 않을까?' 망설이고 망설이던 그는 구둣방으로 들어가 가까스로 입을 엽니다. "예수 믿으세요! 그래야 형제도 소망을 갖고 구원을 경험하고 하나님의 아들이 될 수 있어요!" 이 한마디가 무디의 가슴에 비수처럼 꽂혀, 그를 회개시키고 결국엔 하나님의 사람이 되게 했습니다. 이로 인해 그는 한 시대를 풍미하면서 미국과 유럽에 큰 부흥을 주도하고 수많은 영혼들을 바꾸는 하나님의 도구가 될 수 있었습니다. 무디가 이렇게 되기까지 그에게는 에드워드 킴볼이라는 사람이 있었습니다.

이렇듯 우리가 무디나 베드로는 될 수 없을지 몰라도, 킴볼이나 안드레는 될 수 있습니다. 이 같은 개인적 관심을 통한 사역, 이것이 안드레의 사역 스타일이었습니다.

● 작은 일에 관심을 갖는 사역

이는 첫 번째와 연관되는 것인데, 개인적 관심을 지불하려면 작은 일에 관심을 갖는 것이 항상 필요합니다. 저는 안드레 스타일이 아닙니다. 차근차근한 것은 저와 거리가 멉니다. 저는 항상 큰 그림밖에 안 보입니다. 비전만 보고 살기 때문입니다. 하지만 저는 안드레가 소중하다는 것을 압니다.

안드레가 작은 일에 관심을 보이는 예리한 부분들을 성경은 계속해서 보여 줍니다. 요한복음 6장에는 오병이어의 기적이 기록되어 있습니다. 보리떡 다섯 개와 물고기 두 마리로 남자 어른만 오천 명, 전체로는 일만 명 이상의 사람들을 먹이는 기적을 예수님이 행하시는 장면입니다. 그런데 우리는 이 장면에서 안드레의 출현을 보게 됩니다.

"제자 중 하나 곧 시몬 베드로의 형제 안드레가 예수께 여짜오되 여기 한 아이가 있어 보리떡 다섯 개와 물고기 두 마리를 가지고 있나이다 그러나 그것이 이 많은 사람에게 얼마나 되겠사옵나이까"(요 6:8-9).

우리는 흔히 보리떡 다섯 개와 물고기 두 마리를 예수님 앞에 갖다 바친 어린아이의 헌신을 소중하게 얘기합니다. 하지만 그 어린아이의 도시락을 발견한 사람은 안드레입니다. '아이가 도시락을 갖고 있구나. 이 많은 사람들을 다 먹일 수는 없겠지만, 이거라도 예수님에게 말씀드려 봐야겠다!' 그리고 용기 내어 말합니다. "예수님! 이 아이에게 보리떡 다섯 개와 물고기 두 마리가 있어요. 그러나 이것 가지고 이 많은 사람을 먹일 수는 없는데, 어떡하죠?" "그래? 그러면 그 아이를 데려오너라! 그것을 내게 가져오너라!" 이렇게 오병이어의 드라마가 시작됩니다. 이런 작은 것에 대한 관심, 바로 이런 관심을 통해서 안드레의 사역이 펼쳐져 가는 모습을 볼 수 있습니다. 교회의 모든 성도가 큰 그림만 보고 돌아다니면 큰일 납니다. 교회에는 많은 안드레가 필요합니다.

한 걸음 더 나아가, 안드레의 또 하나의 사역 스타일은 이인자의 자리를 기쁘게 수용했다는 것입니다. 베드로는 베드로가 되어야 합니다. 베드로 같은 리더십과 비전이 있는 사람은 베드로의 자리에 서서 사역을 해야 합니다. 그러나 안드레의 은사를 받았다면, 그 사람은 안드레의 자리에 성실하게 서 있어야 합니다.

성경은 안드레를 기록할 때마다 제자들의 리스트에서 베드로 다음 순서로 언급합니다. 또 그에 대해 성경은 '시몬 베드로의 형제 안드레'라고 기록합니다. 안드레가 그것을 질투했다면 어떻게 되었을까요? 그러나 우리는 성경에서 그가 자신의 위치나 사역에 대해 반발한 흔적을 전혀 찾아볼 수 없습니다. 그는 기쁘게 자신의 자리를 수용한 것입니다.

한국 사회가 너무 지나치게 대표성을 가진 사람들만을 높이면서, 우리는 수많은 이인자의 소중함을 잃어버리고 있는지도 모르겠습니다. 제가 어렸을 때를 생각해 보면, 한국 사람들이 너무 조그만 나라에서 태어나 그런지, 자식들을 기르면서 '대통령이 돼라', '장군이 돼라'고 했습니다. 성경을 봐도 꼭 '머리가 될지언정 꼬리가 되지 아니하며'라는 말씀만 강조하지, '야! 너 멋있는 꼬리 한번 돼 봐라!' 하는 사람은 없습니다. 하지만 꼬리가 없다면 어떻게 머리가 존재할까요? 멋있는 꼬리도 필요한 법입니다. 수많은 이인자, 삼인자가 필요한 법입니다.

낱낱의 자리를 성실하게 메우는 사람들이 있어서 하나님 나라가 영향력 있는 나라로 발전해 갈 수 있는 것입니다. 그런 의미에서 안드레는 참 아름다운 제자입니다.

그의 영향과 최후

그가 끼친 영향은 다음과 같습니다.

첫째, 그는 직접적인 영향보다 자기가 인도한 사람들을 통해서 영향을 끼쳤습니다. 대표적인 사람이 바로 베드로입니다. 그의 형제였던 베드로를 통해 끼친 수많은 역사적 영향을 생각해 보십시오.

둘째, 성경이 아닌 교회 역사를 통해서야 추적할 수 있는 사건이지만, 그는 세 나라에 아주 깊은 영향을 끼쳤습니다. 러시아, 스코틀랜드, 그리스입니다. 기독교는 크게 셋으로 나누어집니다. 우리는 개신교의 좁은 측면만 바라보기 때문에 전 세계에 넓게 흩어져 있는 기독교 전체를 바라보지 못할 때가 있습니다. 개신교 외에 가톨릭도 있지만, 가톨릭 못지않게 큰 것이 정교회입니다.

정교회는 크게 동방과 서방으로 나누어지는데, 이는 과거에 콘스탄티노플이라고도 불렸던 오늘날 터키의 수도인 이스탄불의 한 다리를 기준으로 나누어집니다. 이 다리를 기점으로 로마는 서쪽에 있어 가톨릭은 서방 교회에 속하고, 동쪽에 위치한 그리스, 러시아 등은 모두 동방 정교회에 속합니다.

대부분의 정교회 전통에 의하면 러시아, 스코틀랜드 그리고 그리스 정교회의 수호성인이 바로 안드레입니다. 안드레가 왜 여기서 나오는 것일까요? 우선 사도행전 1장의 제자들 명단에 안드레의 이름이 등장합니다. 안드레는 사도행전 2장에서 틀림없이 성령 충만을 입었을 것입니다. 그리고 복음을 전하기 위해 흩어졌을 것입니다. 어디로 갔을까요? 안드레가 제일 먼저 간 곳은 아마도 소아시아, 오늘날로 말하면 터키의 에베소이고, 그다음으로 간 곳은 러시아인 것으로 보입니다. 러시아에서 복음을 전한 그가 그다음으로 간 곳은 남쪽의 그리스입니다. 그리고 그곳에서 순교합니다. 그러나 러시아와 그리스에서 복음을 전할 때 영향을 받았던 그의 제자들이 스코틀랜드까지 가서 그곳에 영향을 끼치게 됩니다.

이처럼 안드레는 이인자이고 조용한 사람이었지만, 그의 영향력은 좁지 않았습니다. 그의 영향력은 상당히 넓었습니다.

안드레는 그리스에서 최후를 맞이합니다. 발단은 이렇습니다. 그리스 남부 아테네 근처에 '아카야'라는 지방이 있는데, 그곳 총독의 부인과 동생이 예수님을 믿게 됩니다. 믿지 않던 총독은 믿는 가족들에게 화가 났습니다. 자기 아내와 동생에게 믿지 말라고 회유했지만 그들은 끝내 거절합니다. 특히 그의 아내가 자신은 예수 그리스도를 버릴 수 없다고 말하자, 화가 난 총독은 안드레를 X자 형태의 십자가에 매달아 죽이게 됩니다. 그 이후로 X자 형태의 십자가를 '안드레의 십자가'라고 부르게 되었습니다. 형틀에서 죽기 직전, 그는 총독의 부인과 총독을 향해 죄를 범치 말고 구원받으라는 메시지를 남긴 후 마지막으로 이런 기도를 드립니다. "오! 그리스도 예수여. 나를 받아 주소서. 내가 보았던 그분, 내가 사랑했던 그분, 그분 안에서 나는 내가 될 수 있었습니다. 주님이시여! 당신의 영원한 나라의 평안 가운데 나의 영혼을 받아 주옵소서!" 그는 이렇게 순교한 것으로 전해집니다.

무리요(Bartolomé Esteban Murillo)라는 화가는 훗날 〈성 안드레아의 순교〉라는 제목의 그림을 그립니다. 그 그림을 보면 안드레가 X자 형태의 십자가에 매달려 죽어 가는데, 그 옆에 울고 있는 한 소년의 모습이 보입니다. 보리떡 다섯 개와 물고기 두 마리를 예수님 앞에 가져다 바쳤던 그 소년입니다. 자신의 몫이 안드레를 통해 주님 앞에 바쳐졌을 때 놀라운 기적이 일어나는 광경을 목격한 소년은 예수님을 믿게 되었을 것입니다. 그리고 자기가 예수님을 믿게 된 것은 바로 안드레 덕분이라며, 안드레에 대한 고마운 마음을 가지고 살았을 것입니다. 화가는 아마도 이러한 감격을 이 단순한 그림을 통해 표현하기를 원했던 것이 아닐까 생각됩니다.

그렇습니다. 저는 이 그림이야말로 안드레의 일생을 상징하는 사건이라고 생각합니다. 우리는 한 사람에게 영향을 끼치지만, 그 한 사람은 또 다른 사람들에게 영향을 끼칩니다. 그리고 그 영향의 파장은 우리가 생각하는 것 이상으로 넓고 위대할 수 있습니다. 한 사람에게 끼친 영향이 한 민족을 바꿀 수도 있습니다. 그렇다면 한 영혼에 대한 비전을 가지고 살아가는 것, 그것은 결코 수많은 사람들을 대상으로 하는 영향보다 못하지 않습니다.

안드레의 비전, 한 영혼의 비전, 이것은 오늘날에도 소중하고 필요한 비전입니다. '주님, 저를 또 하나의 안드레가 되게 해 주십시오!' 이것이 우리 모두의 기도와 응답이 되었으면 좋겠습니다.

안드레(Andrew, '남자답다'는 뜻)

....

- 갈릴리 바다 북쪽 벳새다에서 태어남
- 요한(또는 요나)의 아들, 베드로의 동생(요 1:44)
- 어부 출신으로 가버나움에서 생활(막 1:29)
- 이웃을 돕는 데 신속함(요 6:8-9)
- 세례(침례) 요한의 제자였으나 예수가 메시아임을 알고 그의 첫 번째 제자가 됨
- 그의 형제인 베드로를 예수에게로 인도
- 예수 승천 후 스구야에 가서 전도했고, 아가야에서 X자형 십자가(헬라어로 예수를 뜻하는 Χριστός[크리스토스]의 첫 글자 X를 따라 만든 십자가, 성 안드레의 십자가로도 불림)에 달려 순교한 것으로 전해짐
- 그리스, 러시아, 스코틀랜드에서 사역했으며, 초대 콘스탄티노플 총대주교

열정적인
사도
○●
야고보

● 인물 마인드맵 _ **야고보**

별명
우레의 아들

사마리아에
불을 내릴까요?
(눅 9:53-55)

영광의 자리
요구
(막 10:39)

최초
순교자
(행 12:2)

초대 교회

주요 사건

동업자
베드로

변화 산
사건

야고보
(큰 야고보)

직업
어부

가족

제자 3인방

어머니
살로메

아버지
세베대

야이로의 딸
기적

겟세마네
기도

형제
요한

○ **막 1:19**

조금 더 가시다가 세베대의 아들 야고보와 그 형제 요한을 보시니 그들도 배에 있어 그물을 깁
는데

야고보에게 별명을 붙인다면 그는 '열정적인 사도'입니다. 열두 제자
의 명단을 보면 두 집안의 형제가 있는데, 그중 한 형제는 앞서 소개한
베드로와 안드레입니다. 이제는 다른 형제를 살펴보려 합니다. 또 다른
형제는 야고보와 요한입니다.

복음서를 보면 야고보와 요한을 이렇게 기록합니다. '세베대의 아들 야
고보와 요한.' 이들은 베드로와 안드레 형제와 마찬가지로 어부 출신입
니다. 어부라고 하면 낚시질하면서 근근이 끼니를 연명하는 사람으로 생
각할지 모르지만, 고기잡이를 통해서 많은 수익을 올리는, 수산업을 크게
하던 사람이라고 말하는 것이 더 합당할 것입니다. 어쨌든 야고보는 매
우 열정적인 인생을 살았던 사람으로 기억되는 예수님의 제자였습니다.

그의 소명과 가족 배경

그는 어떻게 예수님의 제자가 되었고, 어떤 가족 배경 가운데서 부르
심을 받았을까요? 성경은 야고보와 요한의 아버지가 상당한 재산가였을
가능성을 시사합니다.

"조금 더 가시다가 세베대의 아들 야고보와 그 형제 요한을 보시니 그들도 배에 있어 그물을 깁는데 곧 부르시니 그 아버지 세베대를 품꾼들과 함께 배에 버려두고 예수를 따라가니라"(막 1:19-20).

성경은 아버지 세베대에 대해 어떻게 기록합니까? '품꾼들'과 함께였다고 기록합니다. 이를 통해 아버지 세베대에게는 고용한 직원들이 있었다는 것을 알 수 있습니다. 이로 미루어 보건대, 그는 아마 큰 배 여러 척과 여러 명의 어부들을 고용한 수산업 대표였을 것입니다.

야고보와 요한 중에는 아마도 야고보가 형이었을 것으로 짐작됩니다. 두 사람을 기록할 때 항상 야고보가 먼저 나오기 때문입니다. 자신들을 동양인으로 여긴 이스라엘 사람들은 동양적 예의에 의해 더 높은 사람을 먼저 언급하는 게 도리라고 생각했습니다. 그러니 아마도 야고보가 형이고 요한이 동생이었을 것이라 생각할 수 있습니다.

그의 가정이 부유했을 것이라는 또 하나의 암시를 성경에서 찾을 수 있습니다.

"시몬 베드로와 또 다른 제자 한 사람이 예수를 따르니 이 제자는 대제사장과 아는 사람이라 예수와 함께 대제사장의 집 뜰에 들어가고"(요 18:15).

요한복음의 기자가 누구입니까? 사도 요한입니다. 사도 요한은 요한복음을 기록하면서 자기 이름을 밝히지 않습니다. 그 대신 자기 이야기가 나올 때는 두 가지 표현, 곧 '예수께서 사랑하시는 제자' 혹은 '다른 제

자'라고 말합니다. 그런데 여기에 어떤 기록이 나옵니까? '다른 제자'가
나옵니다. 이것은 요한의 이야기라는 것입니다. 그리고 요한은 야고보의
형제입니다.

요한은 대제사장과 아는 사이였습니다. 당시 대제사장은 굉장한 직분
으로, 비단 종교뿐 아니라 사회적으로도 대단한 위치에 있는 사람이었습
니다. 또한 대제사장 계급은 로마 정부와 상당히 가까웠습니다. 그래서
바리새인들은 로마 정부와 사이가 좋지 않았지만, 제사장 계급은 친로마
적인, 로마를 등에 업고 상당한 권력을 행사하던 사람들이었습니다. 그
런데 그런 대제사장과 요한이 서로 알았다는 것입니다. 어떻게 알았을까
요? 아마도 아버지를 통해서 알았을 것입니다. 아버지가 수산업을 통해
상당한 영향력을 끼쳤기 때문입니다. 정치적인 힘을 가진 사람들은 늘
사업가와 가까웠던 것을 볼 수 있습니다. 이런 배경으로 볼 때 사회적으
로 상당한 영향력을 가지고 있었던 집안의 아들들이 바로 야고보와 요한
이었다는 것을 짐작할 수 있습니다.

그런 그가 예수님의 부르심을 받았을 때를 이해하기 위해 다시 마가복
음 1장으로 돌아가 보겠습니다.

"갈릴리 해변으로 지나가시다가 시몬과 그 형제 안드레가 바다에 그물 던지는 것을 보
시니 그들은 어부라"(막 1:16).

예수님은 베드로와 안드레를 먼저 부르셨습니다. 그리고 이어서 야고
보와 요한을 부르셨습니다.

"조금 더 가시다가 세베대의 아들 야고보와 그 형제 요한을 보시니 그들도 배에 있어 그물을 깁는데 곧 부르시니 그 아버지 세베대를 품꾼들과 함께 배에 버려두고 예수를 따라가니라"(막 1:19-20).

부르심을 받았을 때 어떻게 응답했다고 했습니까? '그 아버지 세베대를 품꾼들과 함께 배에 버려두고' 예수님을 따라갔다고 했습니다. 이것은 굉장한 결단입니다. 사실 가진 것이 많은 사람은 예수님의 제자가 되는 것이 훨씬 더 어려웠을 것입니다. 주님은 낙타가 바늘귀로 들어가는 것보다 부자가 천국에 들어가기가 더 어렵다고 말씀하십니다. 가진 것이 많은 사람은 주님을 의지하기보다 그 가진 것을 의지하기가 쉽기 때문입니다. 그런데 야고보와 요한은 대단한 결단을 보여 주고 있습니다. 주님의 부르심이 있었을 때 즉각적으로 아버지를 버려두고, 또 그 품꾼들도 다 버려두고 예수님을 따라 나섰던 것입니다.

이 부분은 성경이 자세히 기록하지 않아 충분히 알 수 없기에 상당한 상상력이 필요한데, 이 야고보와 요한 형제는 누구와 친했을까요? 베드로와 안드레일 것입니다. 같은 어업에 종사했으니까요. 그러다 보니 이들은 아마도 베드로나 안드레를 통해서 메시아 이야기를 간접적으로 들었을 것입니다. 그리고 그분이 메시아라는 놀라운 소식을 듣고 즉각적으로 결단해서 따라갔을 것입니다. 물론 설명하지 않은 배경과 과정은 있었겠지만, 주님의 부르심을 받았을 때 그들은 이미 준비된 지식을 가지고 모든 것을 버려두고 주님을 따라 나섰을 것입니다. 그만큼 이 장면이 야고보가 제자로서의 삶을 출발하는 결정적인 장면이라는 것을 추측할 수 있습니다.

그의 성격

먼저 베드로와 안드레, 야고보와 요한 형제를 비교해 보면 아주 흥미롭습니다. 베드로와 안드레는 성격이 같았습니까? 전혀 다른 스타일이었습니다. 안드레는 조용하고 일대일 교제가 가능한 개인적인 친근한 대화를 선호했던 반면, 베드로는 다혈질적이고 수많은 군중을 대상으로 상대하기를 좋아했던, 아주 다른 성격의 두 형제였습니다. 그러다 보니 베드로와 안드레는 같이 행동하는 일이 별로 없습니다. 형제라 해도 성격이 다르기 때문에 따로따로 활동합니다. 그러나 야고보와 요한은 문자 그대로 세트로 움직입니다. 늘 같이 행동합니다. 이는 무엇을 말해 줍니까? 두 사람은 성격이 비슷하거나 거의 같은 성향을 가진 제자였을 것이라고 짐작할 수 있습니다. 그래서 복음서를 보면 이 형제에게 같은 별명이 주어집니다.

> "또 세베대의 아들 야고보와 야고보의 형제 요한이니 이 둘에게는 보아너게 곧 우레의 아들이란 이름을 더하셨으며"(막 3:17).

그 별명이 무엇입니까? 보아너게, 즉 '우레의 아들'입니다. 왜 이런 별명이 주어졌을까요? 별명이라는 것은 그 사람이 가진 성격의 단면을 보여 줍니다. 이 형제들은, 좋게 말하면 굉장히 격정적이며 열정이 많았을 것이고, 나쁘게 말하면 성격이 천둥벼락 같았을 것입니다. 목소리도 크고 흥분도 잘하는 성격의 형제가 바로 야고보와 요한이 아니었을까 추측해 봅니다.

우리는 이런 성격의 단면을 보여 주는 흥미로운 에피소드를 복음서에서 접하게 됩니다.

"예수께서 승천하실 기약이 차 가매 예루살렘을 향하여 올라가기로 굳게 결심하시고"(눅 9:51).

예수님이 어떤 굳은 결심을 가지고 예루살렘에 오르십니다. 이어지는 52절을 보십시오.

"사자들을 앞서 보내시매 그들이 가서 예수를 위하여 준비하려고 사마리아인의 한 마을에 들어갔더니."

그 과정에서 사마리아 마을에 잠시 들어가시게 되었습니다. 그런데 사마리아 사람들이 예수님의 일행에 대해서 어떤 반응을 보였습니까?

"예수께서 예루살렘을 향하여 가시기 때문에 그들이 받아들이지 아니하는지라"(눅 9:53).

지금 예루살렘에 가시면 예수님이 굉장히 불리하게 취급될 것이라는 소문을 들었던 것 같습니다. 그래서 받아들이지 않았다고 했습니다. 이

것을 본 야고보와 요한의 반응이 어땠습니까?

"제자 야고보와 요한이 이를 보고 이르되 주여 우리가 불을 명하여 하늘로부터 내려 저
들을 멸하라 하기를 원하시나이까"(눅 9:54).

별명과 잘 어울리지 않습니까? 예수님과 제자들을 냉대하니 화가 난
것입니다. 화가 난 야고보와 요한이 뭐라고 말합니까? "선생님! 제가 기
도 한번 할까요? '불이여! 하늘로부터 내려서 다 태워 버릴지어다!' 이렇
게 할까요?" "그래, 예수님의 기적도 봤겠다, 그 기적을 이용해서 이런 못
된 인간들의 버릇을 뿌리째 뽑아 버리자!" 여기서도 무엇을 알 수 있습니
까? 이들은 문자 그대로 불같은 성격을 가졌음을 알 수 있습니다. 그만큼
아주 열정적인 기질을 가진 형제였습니다.

그의 성숙

저는 그리스도인들의 영적 성숙의 패턴은 기질과 성격에 따라서 매우
다양하다고 생각합니다. 인간의 성장 과정이 기질에 따라 다른 것처럼,
영적 성숙도 마찬가지라고 생각합니다. 야고보와 요한처럼 감정이 풍부
하고 격한 사람들은 성장이 더 힘들 수 있습니다. 안정적이지 않을 수 있
습니다. 감정적인 사람들은 당장은 잘하는데, 언제 어떻게 또 변할지 모
릅니다. 그러다 보니 안정적으로 신앙을 성장시키기가 어렵습니다. 저는

이 두 형제에게도 이런 경향이 있었다고 생각합니다. 그래서 빨리 변화되지는 않았지만 천천히 그리고 마침내 주님이 기뻐하시는 사람으로 변화되어 갔던 케이스에 속한다고 생각합니다.

이런 격정적인 성격과 감정 때문에, 예수님을 따라가면서도 상당히 오랫동안 그 감정과 욕망의 포로가 되어 살아갔던 제자가 바로 야고보와 요한입니다. 마가복음 10장을 보십시오. 우리가 잘 아는 흥미로운 사건이 일어납니다.

"세베대의 아들 야고보와 요한이 주께 나아와 여짜오되 선생님이여 무엇이든지 우리
가 구하는 바를 우리에게 하여 주시기를 원하옵나이다"(막 10:35).

"선생님! 우리가 요구하면 요구한 대로 들어주시는 거죠? 맞죠?" 이렇게 물었을 것입니다. 그러자 예수님은, "너희 형제가 원하는 게 무엇이냐?"라고 물으십니다. 그때 두 제자는 이렇게 대답합니다.

"주의 영광 중에서 우리를 하나는 주의 우편에, 하나는 좌편에 앉게 하여 주옵소서"
(막 10:37).

예수님이 지상적 메시아로서 로마 정부를 파멸하고 친히 왕이 되어 이 세상을 다스리실 때, 하나는 주의 우편에, 하나는 좌편에 앉게 해 달라고 요구한 것입니다. 그런데 흥미로운 것은, 이와 똑같은 기사를 마태복음에서 읽어 보면 그 요청을 누가 한 것으로 되어 있습니까? 야고보와 요

한 형제의 어머니가 한 것으로 되어 있습니다. 어머니도 함께 끼어들어서 요청한, 아주 전형적인 모전자전의 케이스입니다.

이런 말을 들은 다른 제자들의 반응은 어땠습니까?

"열 제자가 듣고 야고보와 요한에 대하여 화를 내거늘"(막 10:41).

이런 시기와 갈등이 제자들 사이에도 있었습니다. 그러므로 교회 생활하다가 어떤 사람에게 상처받거나 하더라도 너무 놀라지 마십시오. '예수 믿는 사람이 그럴 수 있느냐?' 하지 말고 '그럴 수도 있다!'고 생각하십시오. 예수님에게 직접 훈련받았던 제자들 가운데서도 그런 일이 있었으니 말입니다.

이러한 두 제자의 요청 앞에 예수님이 말씀하신 내용이 매우 의미심장합니다.

"너희는 너희가 구하는 것을 알지 못하는도다 내가 마시는 잔을 너희가 마실 수 있으며 내가 받는 세례(침례)를 너희가 받을 수 있느냐 그들이 말하되 할 수 있나이다 예수께서 이르시되 너희는 내가 마시는 잔을 마시며 내가 받는 세례(침례)를 받으려니와"(막 10:38-39).

어떤 세례(침례)입니까? 고난의 세례(침례), 십자가의 세례(침례)입니다. 바로 이런 성격의 제자들에게 예수님과 비슷한 고난이나 똑같은 형벌, 십자가는 아닐지라도 그들에게 고난이 다가오고 있음을 예언하신 것입니다. 어쩌면 그들 앞에 다가올 고난은 이런 격정적인 제자들을 다루고 성숙하게 하시려는 전지하신 주님의 처방이 아니었을까 생각합니다.

이렇게 감정적인 컨트롤이 안 되는 사람들을 변화시키기 위해서는 한 가지 방법밖에 없어 보입니다. 인생의 길에 고난을 허용하는 것입니다. 고난의 불 속에서 다루어지도록 하는 것입니다. 그러니 감정이 격한 사람들은 어느 정도 고난을 대비할 필요가 있습니다. 고난이 오면 너무 놀라지 말고, 올 것이 왔다고 생각하십시오. 이는 주님이 두 제자, 특별히 야고보를 위해 예비하신 제자 훈련의 방법이요, 처방이었다고 생각할 수 있습니다.

그의 사역과 죽음

우선 야고보와 요한은 아주 적극적인 제자였습니다. 그러다 보니 제자들 가운데서 핵심적인 역할을 도맡곤 했습니다. 예수님에게는 열두 제자가 있었지만, 그 안에는 제자 중의 제자, 소위 중심 서클(inner circle)인 세 사람이 등장합니다. 조용한 안드레는 빠지고, 베드로와 야고보와 요한이 예수님의 중요한 사건이 있을 때마다 항상 그곳에 있었습니다. 예수님이 의도적으로 이 세 제자와 함께하신 현장들도 있습니다. 변화 산상에도 이 세 제자가 함께 따라갔고, 회당장 야이로의 딸을 부활시키는 엄청난 기적의 현장에도 이 세 사람이 있었습니다.

이 세 사람은 삼총사처럼 핵심적인 제자가 되어 예수님의 사역과 교훈에 동참하게 됩니다. 예수님이 가시는 곳은 어디든지 갔습니다. 또 예수님이 보내시는 곳은 어디든지 나아갔습니다. 성경에 나오지 않아 역사에서 발견할 수밖에 없는 전승에 의하면, 훗날 야고보는 지중해 연안에 가서 많은 사람을 전도합니다. 심지어는 스페인까지 갑니다. 그 교통이 불편했던 시대에 스페인까지 가서 복음을 전하게 됩니다. 스페인 가톨릭은 그런 야고보를 수호성인으로 삼고 산티아고 순례길을 만들었습니다.

그의 인생 노년에 또 하나의 영광스러운 별명이 붙게 됩니다. 그 별명은 '조가비'입니다. 전승에 따르면, 그가 과거의 자신과 같은 어부들을 찾아서 전도하기를 즐겼으며, 해변에서 많은 시간을 보냈기 때문이라고 기록되어 있습니다.

해변에서 자신의 옛날을 생각하며 고기 잡는 어부들을 찾아 그들에게 복음을 전하고 그 삶을 변화시켰던 사도 야고보. 후일 그는 다시 예루살렘으로 돌아옵니다. 예루살렘으로 돌아와서 다시 예루살렘교회의 가장 주도적인 지도자가 됩니다. 어떤 의미에서는 예루살렘교회의 최초의 리더라고 할 수 있습니다. 그리고 그는 예루살렘교회의 지도자로서 자신의 목숨을 주 앞에 바치는 최초의 순교자가 됩니다. 열두 제자 가운데서 최초의 순교자가 된 것입니다. 그의 마지막 순교의 장면을 기록하고 있는 사도행전 12장을 보십시오.

"그때에 헤롯 왕이 손을 들어 교회 중에서 몇 사람을 해하려 하여 요한의 형제 야고보를 칼로 죽이니"(행 12:1-2).

위의 헤롯 왕은 예수님 당시의 헤롯 왕이 아닙니다. 이 헤롯은 헤롯 아그립바 1세라고 불리던 왕으로, 그는 유대인에 대한 두려움이 많았다고 합니다. 그는 로마의 임명을 받아 이스라엘을 왕으로 통치하면서도 유대인들을 두려워했습니다. 혹시 반란을 일으키지는 않을까, 자신이 어떻게되지는 않을까 하고 말입니다. 그래서 유대인들에게 상당히 아부하는 왕이었다고 합니다. 그런 그가 유대인들에게 잘 보이기 위해 유대인들이싫어하는 그리스도인들을 죽이기로 결심하고, 야고보를 순교의 제물로삼았던 것이라고 역사는 증거하고 있습니다.

역사가 유세비우스의 증언에 의하면, 그는 목이 베여 순교하는 마지막순간까지 계속해서 예수 그리스도의 복음을 전했다고 합니다. 이때 그를체포하고 재판에 회부시킨 아주 높은 관리가 있었는데, 그 관리가 양심의 가책을 받습니다. 사실 그도 그리스도인이요, 복음을 전해들은 사람이었기 때문입니다. 그런데 야고보가 죽어 가면서도 예수 그리스도의 복음을 담대히 전하는 광경을 보고 그 마음을 돌이키게 됩니다. 그리고 현장에서 자기도 그리스도인이라고 고백하게 됩니다. 그는 이렇게 말했다고 전해집니다. "야고보 사도여! 나를 용서하시오. 내가 당신을 팔았소.그러나 나도 그리스도인이오!" 이렇게 해서 두 사람이 함께 목 베임을 당하고 죽게 되는데, 죽기 직전 야고보가 이 관리에게 이런 말을 남겼다고합니다. "형제여! 주님이 당신의 마음에 평화를 주시기를. 그대는 나의형제요!" 그러면서 서로 얼싸안고 마지막으로 입을 맞춘 다음 두 사람은나란히 자신의 생명을 바쳤다고 합니다.

자신의 성격과 기질 같은 그 뜨거운 열정을 가지고 처음에는 많은 내적 욕망과의 싸움을 계속하며 살았지만, 마지막에는 복음을 위해 자기생명을 불꽃처럼 바치고 갔던 사나이. 그가 바로 야고보였습니다.

그의 교훈

마지막으로 그를 통해서 받아야 할 세 가지 교훈을 생각하고 싶습니다.

첫째, 성령으로 감정을 다스리는 법을 배워야 합니다. 특별히 감정의 뜨거움과 예민한 변화를 가진 기질의 사람일수록 성령에 의해 계속해서 자기감정을 다루는 훈련을 할 수 있어야 합니다. 그렇게 되지 않으면 그 감정은 우리를 제자의 자리가 아닌 욕망의 자리로 인도할 수 있습니다.

둘째, 인간적 야망을 비전으로 승화시키는 법을 배워야 합니다. 야고보와 요한에게는 인간적인 야망이 있었습니다. 예수님의 나라가 임할 때 오른쪽과 왼쪽을 차지하고 싶은 야망이 있었습니다. 하지만 그 야망은 주님의 다루심과 만지심을 통해서 점차 세속적인 야망이 아닌 하늘나라와 복음의 영광을 사모하는 비전으로 승화되기 시작합니다.

셋째, 처음보다 마지막이 더 아름다운 인생을 살아야 합니다. 그는 인생의 초기, 그 젊은 날에 자기 속에서 일어나는 그 많은 욕망과 욕정 때문에 자신과의 격한 싸움을 싸워야만 했습니다. 그러나 마지막에는 자기의 생명을 주 앞에 불꽃처럼 드려 멋지고 아름다운 순교의 제물이 될 수 있었습니다. 복음성가의 한 대목처럼 그는 순교자의 길을 처음으로 갔고, 그를 따라올 무수한 역사의 순교자들에게 주님이 주신 열정을 어떻게 순교의 제물로 바칠 수 있는지 보여 주었습니다.

그의 교훈이, 그의 생애가 우리의 마음속에 또 하나의 레슨이 될 수 있기를 주님의 이름으로 축복합니다.

야고보(James, '대신 들어앉다', '발뒤꿈치를 잡다'라는 뜻)

- 갈릴리에서 출생
- 세베대의 아들, 요한의 형제(막 1:19; 3:17), 예수와 사촌지간으로 알려짐
- 어부 출신으로 베드로와 함께 동업(눅 5:10-11)
- 야망 있고 충동적이지만 예수를 깊이 신뢰함(마 4:21; 행 1:13)
- 열두 제자 중 알패오의 아들 야고보('작은 야고보')와 구분하기 위해 '큰 야고보', '연 장자 야고보'로 불림
- 불같은 성격 탓에 형제 요한과 함께 보아너게, 곧 '우레의 아들'이라는 별명을 얻음
- 천국에서 영광의 자리를 달라고 부탁(막 10:37).
- 변화 산상(마 17:1-8)과 야이로의 딸을 살릴 때(막 5:37) 그리고 겟세마네 동산에서 기도할 때(마 26:36-46) 예수와 함께 있었음
- 처음에는 예수를 정치적 메시아로 오해해 세속적인 지위를 구하기도 하고(마 20:20-28), 예수가 붙잡힐 때 도망치기도 했으나(막 14:50), 부활하신 주를 만나고 초대 교회 의 기둥 같은 역할을 하다가, 헤롯 아그립바 1세에 의해 붙잡혀 살해당함으로 열두 사도 중 최초의 순교자가 됨(행 12:2)
- 예루살렘과 유대에 복음 전파

5

사랑의 사도

◦●

요한

● 인물 마인드맵 _ 요한

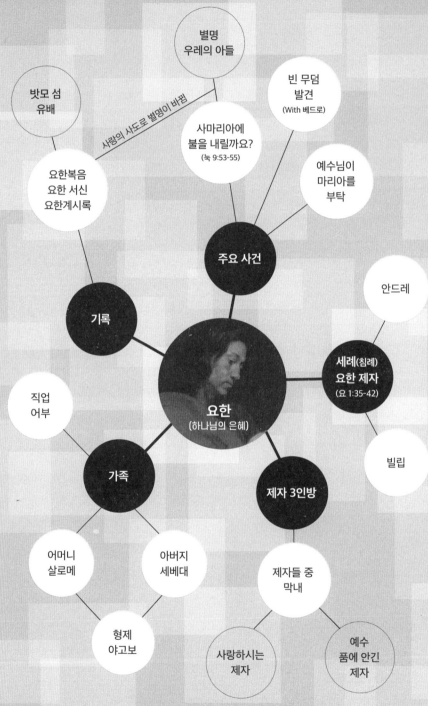

별명
우레의 아들

밧모 섬
유배

빈 무덤
발견
(With 베드로)

사랑의 시도로 별명이 바뀜

사마리아에
불을 내릴까요?
(눅 9:53-55)

예수님이
마리아를
부탁

요한복음
요한 서신
요한계시록

주요 사건

기록

안드레

세례(침례)
요한 제자
(요 1:35-42)

요한
(하나님의 은혜)

직업
어부

빌립

가족

제자 3인방

어머니
살로메

아버지
세베대

제자들 중
막내

형제
야고보

사랑하시는
제자

예수
품에 안긴
제자

○ 요일 4:7-12

사랑하는 자들아 우리가 서로 사랑하자 사랑은 하나님께 속한 것이니 사랑하는 자마다 하나님
으로부터 나서 하나님을 알고 사랑하지 아니하는 자는 하나님을 알지 못하나니 이는 하나님은
사랑이심이라 하나님의 사랑이 우리에게 이렇게 나타난바 되었으니 하나님이 자기의 독생자를
세상에 보내심은 그로 말미암아 우리를 살리려 하심이라 사랑은 여기 있으니 우리가 하나님을
사랑한 것이 아니요 하나님이 우리를 사랑하사 우리 죄를 속하기 위하여 화목 제물로 그 아들
을 보내셨음이라 사랑하는 자들아 하나님이 이같이 우리를 사랑하셨은즉 우리도 서로 사랑하
는 것이 마땅하도다 어느 때나 하나님을 본 사람이 없으되 만일 우리가 서로 사랑하면 하나님
이 우리 안에 거하시고 그의 사랑이 우리 안에 온전히 이루어지느니라

예수님의 열두 제자 가운데 한 사람이었던 사도 요한. 그에게 가장 적
절한 별명이 있다면 '사랑의 제자' 혹은 '사랑의 사도'라고 할 수 있습니다.

그의 이름의 뜻과 회심

서양 사람들의 이름 가운데 어떤 이름이 제일 흔한지 통계를 내 보니
1위는 요한(John), 2위는 야고보(James), 3위는 베드로(Peter)였습니다. 요한
이라는 말은 본래 '하나님은 은혜로우시다'라는 뜻입니다. 대개 이름을
지어 놓으면 이름과 비슷하게 살아가는 경향이 있습니다. 그래서 우리는
이름을 잘 지어야 합니다.

요한은 그의 이름처럼 평생 스스로를 하나님의 은혜를 받은 자, 하나

님의 사랑을 받은 자로 느끼면서 살았던 사람이라고 말할 수 있습니다.

> "예수의 제자 중 하나 곧 그가 사랑하시는 자가 예수의 품에 의지하여 누웠는지라"
>
> (요 13:23).

요한복음의 기자는 요한입니다. 요한 서신, 요한계시록 모두 사도 요한의 기록입니다. 그렇다면 위의 말씀은 요한이 자신의 이야기를 하고 있는 것입니다. 그런데 자신에 대해 '제자들 가운데 예수님이 요한을 특별히 사랑하셨다'고 하면 좀 이상하니 자기를 간접적으로 이야기해서 '예수의 제자 중에 하나, 곧 그가 사랑하시는 자가 예수의 품에 의지해서 누웠다'고 기록합니다. 기독교 화가들이 요한을 그릴 때 그를 예수님의 가슴에 기대고 있는 모습으로 표현하곤 하는데, 바로 이 구절에 근거한 것입니다. 이 구절에 굉장히 이상한 상상을 더해서 억지로 동성연애의 해괴한 근거로 삼으려는 사람도 있는데, 남성에게도 순수한 의미에서의 우정이 있을 수 있습니다. 그런 점에서 예수님에 대한 순수한 애정을 예수님에게 기대는 것으로 나타냈던 요한을 볼 수 있습니다.

다시 말하지만, 이것은 요한 자신의 이야기입니다. 이것이 다른 제자의 이야기라면 어떻게 '그분이 사랑하시는 자가 예수의 품에 특별히 누웠다'고 하겠습니까? 우리는 이후로도 비슷한 표현들을 볼 수 있습니다.

> "안식 후 첫날 일찍이 아직 어두울 때에 막달라 마리아가 무덤에 와서 돌이 무덤에서
> 옮겨진 것을 보고 시몬 베드로와 예수께서 사랑하시던 그 다른 제자에게 달려가서 말

하되 사람들이 주님을 무덤에서 가져다가 어디 두었는지 우리가 알지 못하겠다 하니"(요 20:1-2).

마리아가 예수 부활의 사건을 누구에게 보고했습니까? 베드로와 요한에게 보고했습니다. 요한은 이것을 어떻게 표현했습니까? "예수께서 사랑하시던 그 다른 제자에게 달려가서 말하되"라고 기록했습니다. 이 부분을 흥미롭게 표현한 이어지는 말씀을 보십시오.

"베드로와 그 다른 제자가 나가서 무덤으로 갈새 둘이 같이 달음질하더니 그 다른 제자가 베드로보다 더 빨리 달려가서 먼저 무덤에 이르러"(요 20:3-4).

어떻게 이처럼 정확하게 묘사할 수 있었을까요? 자기 이야기이기 때문입니다. 예수님이 부활하셨다는 소식을 듣고 너무 기뻐 견딜 수 없어, 앞서 달려가는 베드로를 앞질러서 그분을 만났다고 기록합니다. 그만큼 주님의 사랑 속에 거하며 그 사랑을 경험했던 요한의 모습을 볼 수 있습니다.

"예수께서 사랑하시는 그 제자가 베드로에게 이르되 주님이시라 하니 시몬 베드로가 벗고 있다가 주님이라 하는 말을 듣고 겉옷을 두른 후에 바다로 뛰어 내리더라"(요 21:7).

여기도 '사랑하시는 제자'가 등장합니다. 그리고 21절 이하에서도 마찬가지로 그 제자에 대한 정확한 묘사가 이어집니다.

"이에 베드로가 그를 보고 예수께 여짜오되 주님 이 사람은 어떻게 되겠사옵나이까 예수께서 이르시되 내가 올 때까지 그를 머물게 하고자 할지라도 네게 무슨 상관이냐 너는 나를 따르라 하시더라 이 말씀이 형제들에게 나가서 그 제자는 죽지 아니하겠다 하였으나 예수의 말씀은 그가 죽지 않겠다 하신 것이 아니라 내가 올 때까지 그를 머물게 하고자 할지라도 네게 무슨 상관이냐 하신 것이러라"(요 21:21-23).

이를 통해 알 수 있는 것은 무엇입니까? 요한복음은 '예수의 사랑하시던 제자'의 자전적 간증이라는 것입니다. 요한이 쓴 서신인 요한일서, 이서, 삼서, 특별히 요한일서는 이런 사랑의 메시지로 가득 차 있습니다. 사랑받은 자가 이제는 받은 사랑을 가장 합당하게 증거하고 있는 것입니다.

앞 장에서 살펴본 것처럼, 요한은 야고보와 형제 관계에 있으며, 아버지는 수산업을 크게 하던 상인, 세베대입니다. 그는 상당히 부유한 가정에서 자랐습니다. 흥미로운 것은, 성자는 부잣집에서 나오는 반면, 영웅은 가난한 집에서 나온다는 것입니다. 기독교 역사를 통해서도 그렇고, 세속 역사를 통해서도 그렇습니다. 한 예로, 아시시의 성자인 프랜시스(Saint Francis of Assisi)나 인도의 성자인 선다 싱(Sundar Singh)은 모두 부유한 가정 출신입니다. 사랑을 많이 받았기에 사랑을 또한 줄 줄 알았습니다. 반면 가난한 집안의 출신들 중에서는 영웅적이고 저돌적인 혁명가들이 나올 가능성이 많습니다. 그만큼 갈급하고 도전적이기 때문입니다. 이처럼 인간은 환경의 영향을 피치 못하게 받는다는 것을 이런 사실들을 통해서도 알 수 있습니다.

어떻게 이런 집안에서 자란 그가 예수님을 믿고 따르는 제자가 될 수 있었을까요?

"또 이튿날 요한이 자기 제자 중 두 사람과 함께 섰다가 예수께서 거니심을 보고 말하되 보라 하나님의 어린 양이로다 두 제자가 그의 말을 듣고 예수를 따르거늘"(요 1:35-37).

세례(침례) 요한의 하나님의 어린 양을 보라고 증거한 말을 듣고 예수님을 따른 두 제자는 누구입니까? 그중 한 사람은 40절에 나옵니다.

"요한의 말을 듣고 예수를 따르는 두 사람 중의 하나는 시몬 베드로의 형제 안드레라."

그는 베드로의 형제 안드레입니다. 그러면 또 한 명의 제자는 누구입니까? 바로 사도 요한입니다. 그러니까 사도 요한은 그분이 하나님의 어린 양, 메시아라는 세례(침례) 요한의 설교를 듣고 예수 그리스도를 믿게 되었다는 것입니다.

"예수께서 돌이켜 그 따르는 것을 보시고 물어 이르시되 무엇을 구하느냐 이르되 랍비여 어디 계시오니이까 하니(랍비는 번역하면 선생이라)"(요 1:38).

예수님이 두 제자, 곧 안드레와 요한에게 제일 먼저 하신 질문이 무엇입니까? "무엇을 구하느냐"였습니다. 이 질문에 요한은, "랍비여 어디 계시오니이까"라고 물었습니다. "선생님, 어디에 사십니까?"라고 물은 것입니다. 왜 이런 질문을 했을까요? 앞선 장에서도 살폈듯이, 그분과 교제하고 싶었기 때문입니다. 이것은 사도 요한의 생애에서 아주 중요한 모티브를 형성하는 장면입니다.

사도 요한은 처음부터 예수님과 교제하고 싶었습니다. 그분과의 관계 속에 깊이 들어가고 싶었습니다. 예수님과의 사랑의 교제를 열망했던 제자가 요한이었다는 것입니다. 그는 이런 동기로 예수님을 따라가기 시작했습니다. 예수님을 통해서 무엇을 얻으려고 따라간 것이 아니라, 예수님이 너무 좋아서, 그분을 좀 더 깊이 사랑하고 신뢰하고 싶어서 따라간 것이었습니다. 사랑 때문에 끌려 예수님을 따라나선 제자, 그가 바로 사도 요한이었습니다.

그의 인물과 기질

요한은 그의 형제 야고보와 더불어 아주 급하고 열정적인 성격을 가졌다는 것을 앞 장을 통해 살펴봤습니다. 형제 가운데는 성격이 대조적으로 다른 형제들도 있고 똑같은 형제들도 있는데, 야고보와 요한의 경우에는 아마 비슷하게 열정적이고 다정다감한 기질을 가졌던 것 같습니다. 아마도 다혈담즙질 정도 되는, 다혈질만이 아니라 아주 강하고 급한 담즙질적인 성격을 겸한 기질의 제자였던 것으로 생각됩니다. 이 형제들에게 붙은 별명이 무엇이었습니까? '우레의 아들'이란 뜻을 가진 '보아너게'입니다. 성격이 천둥과 불벼락처럼 급했기 때문입니다.

하지만 주목할 것은 이것입니다. 우리는 이러한 제자 요한이 어떻게 예수님을 만나 점차 변화되어 가는지를 주목해 볼 필요가 있습니다.

그의 인격적인 변화

급하고 벼락같다는 것은 나쁜 성격이라고도 할 수 있지만, 이것이 잘 사용되면 뜨거운 열정과 깊은 감성 때문에 오히려 주님과의 깊은 사랑 속으로 들어갈 수 있습니다. 그래서 사람의 장점이 어떤 면에서는 약점이고, 또 약점이 장점일 수 있는 것입니다.

> "예수께서 이 말씀을 하시고 심령이 괴로워 증언하여 이르시되 내가 진실로 진실로 너희에게 이르노니 너희 중 하나가 나를 팔리라 하시니 제자들이 서로 보며 누구에게 대하여 말씀하시는지 의심하더라 예수의 제자 중 하나 곧 그가 사랑하시는 자가 예수의 품에 의지하여 누웠는지라"(요 13:21-23).

누군가가 당신을 팔 것이라며 예수님으로서는 심각한 이야기를 하고 있는데, 요한은 어리광을 부리며 예수님의 품에 기대어 있습니다. 예수님의 깊은 사랑에 목말라 있고 그 사랑에 취해 있던 그의 모습을 이러한 장면들을 통해서 볼 수 있습니다. 이는 아마도 사랑을 받으면 더 깊은 사랑을 열망하는 것처럼, 예수님의 사랑의 교훈을 그가 잘 취하고 응답한 결과로 볼 수 있습니다. 나중에 사도 요한은 주님이 자기에게 주신 가장 중요한 교훈으로 무엇을 강조합니까?

"새 계명을 너희에게 주노니 서로 사랑하라 내가 너희를 사랑한 것같이 너희도 서로 사랑하라 너희가 서로 사랑하면 이로써 모든 사람이 너희가 내 제자인 줄 알리라"(요 13:34-35).

그는 마침내 사랑을 가장 강조하는 제자가 되었습니다.

요한복음 14장 21절은 그가 예수님의 말씀을 잘 담아 두었다가 우리에게 전달해 준 말씀입니다. 우리는 같은 스승의 말씀을 들어도 자기가 취하고 싶은 부분만 취합니다. 바람직하진 않지만, 사람은 언제나 선택적으로 말씀 앞에 반응하기 때문입니다. 예수님의 많은 말씀 가운데 특별히 요한을 터치했던 말씀, 그래서 요한이 예수님의 말씀이라고 강조했던 것들은 무엇입니까? 모두 사랑에 대한 메시지입니다. 요한은 유독 사랑을 강조하는 모습을 볼 수 있습니다.

"나의 계명을 지키는 자라야 나를 사랑하는 자니 나를 사랑하는 자는 내 아버지께 사랑을 받을 것이요 나도 그를 사랑하여 그에게 나를 나타내리라"(요 14:21).

십자가 사건 이후 부활하신 주님을 제일 먼저 알아보고 달려갔던 사람은 베드로와 요한입니다. 그런데 둘 중 누가 더 빨랐습니까? 요한이 더 빨랐습니다. 그가 먼저 달려갔습니다. 왜 그랬을까요? 사랑하는 사람만이 가장 먼저 알아보고 그를 향해 달려가도록 되어 있기 때문입니다. 마음도 달리고 몸도 달립니다. 그것을 요한복음 20장에서 발견할 수 있습니다. 그런데 흥미로운 것은, 요한복음 21장에서도 부활하신 예수님을 제일 먼저 알아본 사람이 요한이었다는 사실입니다.

> "예수께서 사랑하시는 그 제자가 베드로에게 이르되 주님이시라 하니 시몬 베드로가 벗고 있다가 주님이라 하는 말을 듣고 겉옷을 두른 후에 바다로 뛰어내리더라"(요 21:7).

베드로는 항상 급합니다. 여기서는 베드로가 먼저 뛰어내렸습니다. 아마 한 번 졌기 때문에 이번엔 더 먼저 뛰어 들어간 것 같습니다. 그러나 행동은 베드로가 빨랐지만 부활하신 주님을 먼저 알아본 것은 요한이었습니다. 예수님의 사랑하시는 제자, 즉 요한이 사랑하는 예수님을 가장 먼저 알아본 것입니다. 이러한 불같은 격정의 사람이 주님을 향한 깊은 사랑의 사람으로, 사랑의 제자로 헌신되어 가는 모습을 볼 수 있습니다.

격정의 사람이 제대로 헌신하면 사랑을 베푸는 놀라운 사람으로 변화될 수 있습니다. 저는 그런 케이스 중의 하나로 현대적인 지도자 가운데 주로 미국에서 활동해 온 찰스 콜슨(Charles Colson)이라는 사람의 이야기를 하고 싶습니다. 그는 미국의 닉슨 대통령 시절 그의 보좌관으로 활동했던 사람입니다. 이 사람의 별명은 '살인 청부업자'였습니다. 실제로 살인을 많이 했다는 말이 아니라, 대통령을 위해서라면 어떤 사람이든 대신 나서서 죽일 만큼 잔혹하고 냉혈하게, 수단과 방법을 가리지 않고 일했다는 것입니다. 나중엔 워터게이트 사건에 연루되어 감옥에 가게 됩니다.

사람들은 그에 대해 이렇게 말했습니다. "저 사람은 자신의 어머니나 할머니도 밟고 지나갈 사람이다!" 얼마나 지독한 사람이라는 말입니까.

그런데 이런 사람이 감옥에서 C. S. 루이스(C. S. Lewis)의 책을 읽고 친구들의 전도를 받아 그리스도인이 됩니다. 그리고 그리스도인이 된 후 감옥에 있는 사람들을 대상으로 전도하는 일을 하는 교도소 선교 단체의 회장을 맡게 됩니다. 그는 감옥에 갇혔을 때 그곳에 있는 연약한 사람들의 모습에 눈을 뜨기 시작했습니다. 그래서 그들을 돕고, 사랑하고, 섬기는 일에 자신의 생애를 바치게 되었습니다.

이것이 복음의 능력입니다. 복음이 인간을 이렇게 변화시킵니다. 복음이 우리 마음을 터치하면 우리의 약점이 강점으로 변화됩니다.

그의 인격적인 변화

그렇다면 사도 요한은 구체적으로 어떻게 변화되어 갔을까요? 존 맥아더는 요한이 경험한 인격적인 변화를 가리켜 "그가 균형을 찾아 가는 과정"이라고 말했습니다. 밸런스를 찾아 가는 과정이었다는 것입니다.

사도 요한은 세 가지 균형을 찾아 갔습니다.

● 진리와 사랑의 균형

요한은 진리에 관심이 많았습니다. 하지만 사랑은 없었습니다. 진리만 너무 강조하면 질리게 됩니다. 그러나 주님을 깊이 경험하고 성숙되어 가면서, 그는 진리의 사람일 뿐만 아니라 사랑의 사람이 되어 갑니다. 균형을 찾아 갑니다. 이러한 요한의 모습을 복음서에서 자주 찾아볼 수 있는데, 대표적인 것이 마가복음 9장 38절 이하의 사건입니다.

어느 날, 요한이 예수님 앞에 나와서 이런 고백을 합니다.

"요한이 예수께 여짜오되 선생님 우리를 따르지 않는 어떤 자가 주의 이름으로 귀신을 내쫓는 것을 우리가 보고 우리를 따르지 아니하므로 금하였나이다".

아마 예수님의 제자가 아니면서 예수님의 이름으로 귀신을 쫓아내는 사람들을 본 모양입니다. "저런 고약한 사람들이 예수님도 안 따르면서 예수님의 이름으로 축사를 하지 뭐예요. 그러면 안 된다고 제가 혼내고 왔습니다!"라고 요한이 예수님에게 보고한 것입니다. 그런데 예수님의 반응이 재미있습니다.

"금하지 말라 내 이름을 의탁하여 능한 일을 행하고 즉시로 나를 비방할 자가 없느니라 우리를 반대하지 않는 자는 우리를 위하는 자니라"(막 9:39-40).

"그 사람이 나를 반대하거나 훼방을 놓지 않는다면 뭐가 나쁘냐? 그대로 놔둬라!" 다시 말하면, 요한에게 이렇게 말씀하신 것입니다. "마음을 넓게 가져라! 사람들을 포용할 줄 알아야 한다! 다 품을 줄 알아야 한다!" 아마도 주님의 이런 교훈을 받으면서 요한은 점차 많은 사람들을 포용할 줄 아는 사랑의 사람으로 변화되어 갔을 것입니다. 이것이 바로 요한이 균형을 찾아 나가는 인격적인 변화의 과정이었습니다.

● 야망과 겸손의 균형

마가복음 9장에 보면 제자들 가운데 논쟁이 일어납니다. 그 논쟁은 서로 누가 큰가에 대한 것이었습니다. 다른 복음서와 비교해 보면 논쟁의 주도적인 역할을 했던 사람은 요한과 야고보 형제였습니다. 그 형제들을 중심으로 논쟁이 촉발된 것입니다. 그런데 이때 예수님은 어떤 교훈을 주셨습니까?

> "예수께서 앉으사 열두 제자를 불러서 이르시되 누구든지 첫째가 되고자 하면 뭇 사람의 끝이 되며 뭇 사람을 섬기는 자가 되어야 하리라 하시고"(막 9:35).

야고보와 요한 형제, 특별히 요한은 야망이 많았습니다. 그렇지만 주님은 그런 야망을 가지고 먼저 섬기는 자가 되라고 하셨습니다. 요한은 자기의 야망을 극복하고 섬김을 배워 가기 시작했습니다. 이것이 바로 요한의 변화의 중요한 과정이었다는 사실을 우리는 주목해야 합니다.

● 영광과 고난의 균형

누구나 다 영광 받기를 원하고 또 영광 누리기를 원합니다. 고난 받기를 원하는 사람은 없습니다. 그런데 예수님은 어떻게 가르치십니까? 누가 크냐는 논쟁에서 촉발된 예수님의 교훈이 계속됩니다.

> "예수께서 이르시되 너희는 너희가 구하는 것을 알지 못하는도다 내가 마시는 잔을 너희가 마실 수 있으며 내가 받는 세례(침례)를 너희가 받을 수 있느냐 그들이 말하되 할

수 있나이다 예수께서 이르시되 너희는 내가 마시는 잔을 마시며 내가 받는 세례(침례)를 받으려니와"(막 10:38-39).

'내가 마시는 잔'은 고난의 잔입니다. 고난의 세례(침례)입니다. 영광을 원한다면 먼저 고난을 받을 줄 알아야 한다는 말입니다. 많은 경우, 사람들은 어떤 위치에 도달한 사람을 볼 때 그의 현재만을 봅니다. 그가 거기에 도달하기까지 지불했던 땀이나 희생의 대가는 보지 못하는 경우가 많습니다. 그러나 고난의 값을 지불하지 않으면, 영광은 결코 우리에게 오지 않습니다. 요한은 영광과 고난의 균형을 찾아 나서는 일생을 살았습니다.

그의 사역과 죽음

요한의 사역은 네 가지 단계로 나눌 수 있습니다.

● 예루살렘 중심의 사역 단계

먼저는, 예루살렘을 중심으로 한 사역의 단계입니다. 물론 갈릴리에서 예수님을 따라 나섰지만, 본격적인 사역은 예루살렘을 중심으로 벌어집니다. 사도행전의 초기에 제일 많이 나오는 표현은 '베드로와 요한이'입니다. 사도행전의 후기에는 바울이 주도적인 리더로 부상하지만, 초기에는 베드로와 요한이 예루살렘을 중심으로 본격적인 사역을 감당합니다. 그러나 두 번째 사역의 스테이지에서 요한은 사역의 중심을 에베소로 옮겼던 것으로 보입니다.

● 에베소 중심의 사역 단계

에베소라는 도시는 지금의 터키에 위치합니다. 지금은 폐허가 된 조그만 도시지만, 과거에는 소아시아의 중심 도시라고 불렸습니다. 성지 순례라고 하면 이스라엘부터 생각하지만, 터키도 아주 중요한 성지입니다. 그곳에서 사도행전의 역사가 다 기록되었습니다. 이 에베소에 가면 지금도 예수님의 어머니인 마리아가 살던 집이 보전되어 있습니다. 아마도 요한이 예수님의 어머니를 모시고 에베소에서 살았던 것으로 보입니다.

예수님이 마지막 십자가 고난의 절정에서 가상 칠언을 하실 때, 그중에 하나가 무엇이었습니까? 요한에게, "보라! 네 어머니다. 네 어머니로 모셔 다오"라고 하셨습니다. 육신의 어머니 마리아를 요한에게 부탁하신 것입니다. 왜 요한에게 부탁하셨을까요? 두 가지 이유 때문이었을 것입니다. 첫째는, 요한이 장수할 것을 아셨기 때문입니다. 예수님은 하나님이니까 아셨을 것입니다. 실제로 요한은 예수님의 제자 중에서 가장 오래 살았습니다. 둘째는, 사랑이 많기 때문에 잘 돌봐 줄 거라고 생각하셨을 것입니다. 그래서 요한은 늙은 여인을 자기 어머니로 평생을 모셨습니다. 어머니 마리아를 모시면서 에베소에서 전도하고 사역한 것입니다. 이렇게 에베소에서 사역하다가 요한은 밧모 섬으로 귀양을 가게 됩니다. 밧모 섬 유배 시대가 열린 것입니다.

"나 요한은 너희 형제요 예수의 환난과 나라와 참음에 동참하는 자라 하나님의 말씀과 예수를 증언하였음으로 말미암아 밧모라 하는 섬에 있었더니"(계 1:9).

지금도 에베소는 항구 도시인데, 에베소에서 조금 떨어진 곳에 쿠사다이라고 하는 항구가 있습니다. 순례객들은 그곳에서 배를 타고 에베소에서 밧모 섬으로 이동합니다. 밧모는 현재 그리스에 속해 있고 에베소는 터키에 속해 있어 나라가 다르지만, 과거에는 한 지역처럼 활동했고, 두 곳이 서로 멀지 않은 곳에 위치해 있습니다. 밧모 섬에는 지금도 사도 요한이 기도했던 곳을 기념하는 교회와 수도원이 있습니다. 그곳에서 귀양살이를 한 것입니다.

당시 로마는 도미티아누스 황제 시대였습니다. 시기적으로는 약 A.D. 95-98년까지입니다. 그렇게 귀양살이를 하던 요한은 트라이안이라는 새로운 황제가 등극하면서 자유를 얻게 됩니다. 자유를 얻은 요한은 다시 에베소로 돌아옵니다.

● 에베소에서 사역을 마무리하는 단계

전승에 의하면, 요한은 에베소에서 전도를 하다가 붙잡혀 독사 굴에 던져지기도 했다고 합니다. 하지만 하나님의 기적으로 살아나고, 끓는 물에도 던져졌지만 하나님의 기적으로 다시 보호를 받았다고 합니다. 말년에는 핍박을 너무 많이 받아 몸이 상해서 들것에 뉘어져 제자들에 의해 모셔졌다고 하는데, 주일날이면 간신히 버티고 앉아 매주 같은 주제로 "소자들아! 서로 사랑하라!"는 설교를 했다고 합니다. 좋은 설교지만 똑같은 설교를 계속 듣다 보니 지겨워서, "선생님, 이번 주일에는 새로운 설교를 해 주십시오!"라고 하면, "소자들아, 새로운 설교를 하노니 서로 사랑하라!"라고 했다고 전해집니다.

그렇게 설교하던 요한은 그곳에서 하나님의 부르심을 받아 자연사를 합니다. 예수님의 열두 제자 가운데 자연스럽게 죽은 사람은 딱 한 명, 사도 요한밖에 없습니다. 그는 자연히 죽었지만, 영광스러운 또 하나의 살아 있는 순교자라 할 수 있습니다.

사랑을 외치다가 사랑 가운데서 죽어 간 사도, 그의 이름은 요한입니다. 그는 A.D. 100년경에 죽었습니다. 정확히 몇 년도에 몇 살의 나이로 죽었는지는 알 수 없지만, 분명한 것은 90대에 죽었습니다. 굉장히 장수했습니다. 이러한 요한을 통해 받을 수 있는 중요한 교훈 중에 하나는 '목숨이 아깝거든 사랑합시다!'입니다.

그는 한평생 사랑으로 살면서 많은 교훈을 남겼습니다. 사도 요한은 주님의 많은 말씀을 전했지만, 가장 위대한 말씀, 그가 남긴 유명한 성경 구절은 다음의 두 가지입니다. 첫째는 요한복음 3장 16절입니다.

"하나님이 세상을 이처럼 사랑하사 독생자를 주셨으니 이는 그를 믿는 자마다 멸망하지 않고 영생을 얻게 하려 하심이라."

그다음으로 유명한 성경 구절은 요한일서 3장 16절입니다. 사실 위의 말씀으로 구원받은 사람, 영생을 얻은 사람은 반드시 아래의 말씀을 기억하고 살아야 합니다.

"그가 우리를 위하여 목숨을 버리셨으니 우리가 이로써 사랑을 알고 우리도 형제들을 위하여 목숨을 버리는 것이 마땅하니라."

우리가 구원받고 영생을 얻었다면 어떻게 해야 할까요? 우리의 이웃들에게 그 사랑을 베풀며 살아야 합니다. 사랑 속에 살며 받은 사랑을 남기고 가야 합니다. 이러한 삶으로 하나님의 부르심을 받았던 사도 요한을 깊이 기억하십시오.

요한(John, '하나님의 은혜'라는 뜻)

- 세베대의 아들, 야고보의 형제, 예수와 사촌지간으로 알려짐
- 어업을 크게 하는 부유한 가정에서 자람, 어부 출신
- 아버지와 고기잡이 일을 버려두고 예수를 따름
- 가장 총애 받던 제자로 세 명의 수제자 중 한 명
- 쉽게 정죄하고 야망이 있는 성격, 후에는 사랑의 사도가 됨(막 9:38; 요일 3:17)
- 야고보와 함께 보아너게, 곧 '우레의 아들'이라는 별명을 예수로부터 받음
- 야고보와 동일하게 천국에서 영광의 자리를 달라고 부탁(막 10:37)
- 예수의 지상 사역에 있어 중요한 세 번의 순간, 곧 변화 산상(마 17:1-8)과 야이로의 딸을 살릴 때(막 5:37) 그리고 겟세마네 동산에서 기도할 때(마 26:36-46) 예수와 함께 있었음
- 요한복음을 기록하며 자신을 '예수께서 사랑하시는 제자'라고 부름
- 최후의 만찬에서 예수의 품에 기댄 제자(요 13:23)
- 예수의 임종 시 그의 어머니 마리아 돌볼 것을 부탁받음(요 19:27)
- 부활의 첫날 이른 아침에 베드로와 함께 빈 무덤으로 달려감
- 열두 제자 중 가장 오래 산 제자
- 에베소를 중심으로 소아시아 선교
- 밧모 섬에 유배 후 사망(A.D. 100년경)
- <요한복음>, <요한1, 2, 3서>, <요한계시록>을 기록

6

신중한
완벽주의자

○●

빌립

● 인물 마인드맵 _ **빌립**

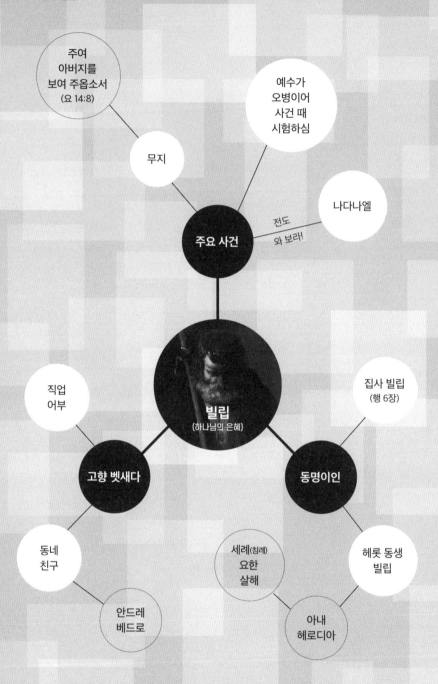

주여 아버지를 보여 주옵소서 (요 14:8)

예수가 오병이어 사건 때 시험하심

무지

나다나엘

주요 사건

전도 와 보라!

빌립 (하나님의 은혜)

직업 어부

집사 빌립 (행 6장)

고향 벳새다

동명이인

동네 친구

세례(침례) 요한 살해

헤롯 동생 빌립

안드레 베드로

아내 헤로디아

○ 요 1:43-45

이튿날 예수께서 갈릴리로 나가려 하시다가 빌립을 만나 이르시되 나를 따르라 하시니 빌립은 안드레와 베드로와 한 동네 벳새다 사람이라 빌립이 나다나엘을 찾아 이르되 모세가 율법에 기록하였고 여러 선지자가 기록한 그이를 우리가 만났으니 요셉의 아들 나사렛 예수니라

　　열두 제자는 대개 복음서에 네 명씩 세 그룹으로 나누어져 기록됩니다. 그중 첫 번째 그룹은 베드로와 안드레, 야고보와 요한이 형성하고 있습니다. 아마 이 첫 번째 그룹이 예수님 곁에 가장 가까이 있었던, 예수님과 가장 친하고 그분이 특별히 쓰셨던 그룹이 아니었을까 생각합니다. 두 번째 그룹은 조금 떨어져 있지만 역시 중요한 역할을 했던 제자들인데, 바로 빌립과 바돌로매, 도마와 마태입니다. 그다음 세 번째 그룹은 작은 야고보와 다대오 유다, 시몬과 가룟인 유다입니다. 여기서 '작은 야고보'는 요한의 형제인 야고보와 혼동할까 봐 설명된 수식어입니다. 그는 '알패오의 아들 야고보'라고 기록되어 있기도 합니다. 그리고 다대오 유다는 '가룟인 아닌 유다'라고 기록되어 있는데, 이 사람 역시 '가룟 유다'와 구분하기 위해 설명된 이름으로 보입니다.

　　이 열두 제자 그룹에서 제일 앞서서 나오는 사람은 베드로입니다. 베드로는 첫 번째 그룹의 지도자이면서 어떤 의미에서는 전체 제자들의 대변인과 같은 역할을 했던 사람입니다. 이 장에서 살펴볼 빌립은 두 번째 그룹에 속한 제자 중 맨 처음에 등장합니다. 아마도 두 번째 그룹에서는 빌립이 리더의 역할을 하지 않았을까 생각합니다.

저는 빌립에게 '신중한 완벽주의자'라는 별명을 붙였습니다. 이 신중한 완벽주의자는 사람의 어떤 기질에 가깝습니까? 우울질입니다. 아마도 빌립은 전형적인 우울질에 속하는 제자가 아니었을까 생각됩니다.

그의 이름과 회심

빌립은 '말(馬)을 사랑하는 사람'이라는 뜻입니다. 이 이름이 역사 속에 대거 등장하기 시작한 때가 있는데, 바로 예수님이 이 땅에 오실 무렵입니다. 그 무렵에 빌립이라는 이름이 굉장히 유행했다고 합니다. 이는 당시 전 세계를 정복했던 알렉산더 대왕 때문이었습니다. 그 당시 알렉산더 대왕보다 더 유명한 사람은 없었습니다. 그는 그리스 문화를 전파하고 전 세계를 하나로 만든 사람인데, 그의 아버지의 이름이 바로 빌립이었습니다. 알렉산더가 정복한 지역마다 그에 관한 여러 가지 일화들이 소개되면서 그의 아버지의 이름 또한 자연스럽게 소개되었을 것입니다.

알렉산더 대왕은 당시 팔레스타인, 지금의 이스라엘 땅까지 정복했습니다. 단, 예루살렘은 정복하지 않고 돌아갔습니다. 그러나 이스라엘의 북부에 속하는 갈릴리는 알렉산더가 완전히 정복해서 통치했던 지역입니다. 그곳 사람들은 자연히 알렉산더 대왕의 직접적인 침략과 통치를 경험했습니다. 그러다 보니 알렉산더 대왕에 대한 여러 가지 복잡한 경험들이 그들 안에 농축되면서 알렉산더 대왕의 아버지인 빌립도 알게 되었을 것입니다.

그 시대의 사람들에게 있었던 보편적인 풍속 가운데 하나는, 유명한 사람들을 본받기 위해 동일한 이름을 짓는 것이었습니다. 그래서 알렉산더 대왕이 통치한 지역, 이스라엘 혹은 시리아 등의 지역 사람들이 빌립이라는 이름을 갖기 시작한 것입니다. 빌립이라는 이름은 당시에 정복자의 이미지, 아주 강력한 리더의 이미지로 소개되고 있었을 것입니다.

그러나 우리가 기억할 사실은, 이 빌립이라는 이름이 철저한 그리스 스타일의 이름이라는 것입니다. 그래서 알렉산더와 그리스의 통치를 받는 입장에 있었어도 아주 보수적이고 정통적인 유대인들은 이런 이름을 전혀 갖지 않았다고 합니다. 이렇게 생각하면 됩니다. 과거 우리나라도 일본의 지배를 받으며 창씨개명을 하도록 강요당한 시절이 있었습니다. 그때 아주 깊은 애국심을 가진 사람들은 어떠한 대가를 지불할지라도 자신의 이름 바꾸기를 끝까지 거절했습니다. 마찬가지로 아주 보수적이고 정통적인 유대인들은 빌립과 같은 그리스식의 이름을 갖지 않았다고 합니다.

그럼에도 불구하고 이 사람의 이름이 빌립이었다는 것은 무엇을 시사합니까? 유대인이지만 아마도 전통적이고 보수적인 유대인은 아니었을 거라는 것입니다. 그의 집안은 외부의 문화나 흐름에 잘 융화되는, 상당히 개방적인 배경을 가지지 않았을까 추측할 수 있습니다. 이와 같은 개방성이야말로 어쩌면 빌립으로 하여금 복음을 쉽게 받아들이게 만든 하나의 배경이 아니었을까 생각합니다. 지금도 철저한 유대인들은 복음을 아예 들을 생각조차 하지 않습니다. "유대인들이 왜 예수를 믿나? 유대인들은 그냥 유대교로 남아야지!" 이런 철저한 보수성은 지금도 그대로 남아 있습니다.

요한복음 1장 44절에는 빌립에 관한 한 가지 암시가 기록되어 있습니다.

"빌립은 안드레와 베드로와 한 동네 벳새다 사람이라."

빌립은 안드레와 베드로와 같은 고향인 벳새다 사람입니다. 안드레와 베드로 형제가 먼저 예수님을 믿었으니, 그들을 통해 예수님에 대한 사전 지식을 갖게 되었을 충분한 가능성이 있습니다. 성경은 이런 전제를 가정하면서 빌립이 예수님을 따라가게 된 것을 매우 드라마틱한 방법으로, 순간적인 결단에 의존되어 있는 것처럼 기록합니다.

"이튿날 예수께서 갈릴리로 나가려 하시다가 빌립을 만나 이르시되 나를 따르라 하시니"(요 1:43).

그냥 따랐습니다. 하지만 단순한 호기심으로 따라간 것 같진 않습니다. 왜냐하면 빌립이 예수님을 만나고 나서 나다나엘을 찾아가기 때문입니다. 빌립은 나다나엘을 찾아가 이렇게 말합니다. "모세가 율법에 기록했고 여러 선지자가 구약에 기록한 그분을 만났어! 우리가 그렇게 기다려 왔던 그분, 하나님이 기름 부어 주셔서 우리 민족에게 해방을 가져다주고, 우리의 삶을 바꿀 수 있는 그 놀라우신 메시아, 바로 그분을 만났어!" 이러한 고백으로 볼 때 그에게는 예수님에 관한 사전 지식이 있었다는 것을 알 수 있습니다. 그 예수님을 만나자 "나를 따르라"는 말씀에 곧바로 순종한 것으로 보입니다.

제가 이 정황을 특별히 주목하는 것은 다음과 같은 이유 때문입니다. 빌립은 상당히 신중한 사람으로, 돌다리도 두들기고 건너는 완벽주의적인 성격을 가지고 있었을 것입니다. 그런데 어떻게 예수님을 그렇게 쉽게 따라 나설 수 있었을까요? 이것이야말로 안드레나 베드로를 통해서 이미 예수님에 대한 사전적인 지식을 가졌을 것이라고 추측하게 하는 하나의 단서가 될 수 있습니다. 또 하나는, 예수님이 빌립을 다루시는 방식을 통해 알 수 있습니다. 만약 예수님이 이렇게 신중한 사람에게, "너 나 따라올 건지 안 따라올 건지 잘 생각해 봐!" 하는 식으로 접근했다면, 빌립은 평생 예수님을 따라 나서지 못했을지도 모릅니다.

흥미로운 것은, 예수님이 제자들을 부르실 때 각 사람을 그의 기질에 적합한 방식으로 접근하고 만나 주셨다는 사실입니다. 똑같은 방법으로 만나 주신 적이 없습니다. 제자들마다 다른 방식으로 만나 주셨습니다.

다혈질의 베드로는 열정도 있지만, 쉽게 좌절하고 상처받고 낙심하는 성격입니다. 이런 베드로를 만났을 때의 예수님의 제1성은 무엇이었습니까? "너를 장차 게바(베드로)라 하리라!" 네가 장차 베드로(게바), 곧 반석이라 일컬음을 받으리라는 것입니다. 생각해 보십시오. 육중한 이미지의 반석, 그것은 베드로에게 어울리지 않는 것이었습니다. 그러나 그것은 베드로에게 희망을 주는 메시지였을 것입니다. '나 같은 사람이 베드로가 된다고? 감정의 지배를 쉽게 받아 늘 실망하고 좌절했던 내가 반석이 된다고?' 이처럼 예수님은 희망과 소망을 주는 메시지로 베드로를 찾아오셨습니다.

그런가 하면 안드레 혹은 사도 요한을 만났을 때는 예수님이 어떤 방식으로 접근하셨습니까? 그들이 따라오자, "너희가 원하는 게 무엇이냐? 무엇을 구하느냐?"라고 물으십니다. 그에 대한 대답으로 "어디에 사십니까?" 하고 묻자, "와서 봐! 가서 나와 교제하자!"라고 말씀하십니다. 예수님은 이런 친근한 방법으로 그들을 교제의 장으로 초청하셨습니다.

하지만 빌립의 경우에는 전혀 달랐습니다. 만나자마자 "잔소리 말고 따라와!"라고 하신 예수님입니다. 상당히 단도직입적이지만, 잘 따지고 신중하게 생각하는 사람에게는 그렇게 하는 것이 훨씬 더 좋은 접근 방법일 수 있습니다. 이런 사람에게 생각할 시간을 준다면 평생 생각만 하다가 끝날 것입니다. 예수님은 아마도 빌립에게 가장 적합한 방식으로 접근하셨을 것입니다. 그렇게 그분을 따라 나선 것은 빌립의 인생에 있어 새 여행의 출발이 되었습니다.

그의 기질과 성격

그의 기질과 성격을 알면 예수님이 빌립에게 접근하셨던 방식이 쉽게 이해됩니다. 요한복음 6장을 보십시오. 어떤 사건이 나옵니까? 보리떡 다섯 개와 물고기 두 마리로 수많은 사람들을 먹이셨던 오병이어의 기적 사건이 나옵니다. 그리고 이 사건의 현장에 빌립이 등장합니다.

"예수께서 눈을 들어 큰 무리가 자기에게로 오는 것을 보시고 빌립에게 이르시되 우리 가 어디서 떡을 사서 이 사람들을 먹이겠느냐 하시니 이렇게 말씀하심은 친히 어떻게 하실지를 아시고 빌립을 시험하고자 하심이라 빌립이 대답하되 각 사람으로 조금씩 받게 할지라도 이백 데나리온의 떡이 부족하리이다"(요 6:5-7).

학자들마다 의견이 다르지만, 많은 사람들은 그때 그 들판에 모여든 사람이 아마도 일만 명은 넘었을 것이라고 추정합니다. 성인 남자만 계산해서 오천 명이니, 여자와 아이들까지 합하면 일만 명이 훨씬 넘는 더 많은 사람들이 있었을 것입니다. 한번 생각해 보십시오. 일만 명쯤 되는 사람들을 먹이려면 몇 개의 떡을 만들어야 할까요? 제 경우에는 저녁까지 묵상해도 답이 안 나옵니다. 저는 계산과 거리가 먼 사람이기 때문입니다. 그런데 빌립은, "선생님! 이백 데나리온의 떡이 있다 해도 부족할 것 같아요!"라고 계산을 해냅니다.

빌립은 수치가 정확하고 계산에 매우 밝은 사람이지만, 그렇게 긍정적이지는 않았던 것 같습니다. 이백 데나리온의 떡이 있다 해도 부족할 것 같다는 말은, "그만큼의 떡이 있어도 이 사람들을 다 먹이지 못할 텐데, 어쩌자고 떡 이야기를 꺼내십니까?"라는 뜻입니다. 정확하지만 조금은 부정적인 빌립, 이것은 아주 전형적인 우울질 기질의 특징입니다. 멜랑콜리(Melancholic)한 사람들은 아주 정확하고, 신중하고, 사려 깊고, 분석적이고, 깊이가 있지만, 조금은 부정적입니다. 하지만 그렇기 때문에 일을 맡겨 놓으면 또 철저하게 할 가능성이 큽니다.

이후 빌립은 요한복음 12장에도 등장합니다.

"명절에 예배하러 올라온 사람 중에 헬라인 몇이 있는데 그들이 갈릴리 벳새다 사람 빌립에게 가서 청하여 이르되 선생이여 우리가 예수를 뵈옵고자 하나이다 하니"(요 12:20-21).

그리스 계통의 헬라인 몇 사람이 예수님을 만나러 왔습니다. 예수님을 만나기 위해 예수님의 제자들 가운데 빌립을 찾아온 것입니다. 그런데 빌립의 반응이 재미있습니다.

"빌립이 안드레에게 가서 말하고 안드레와 빌립이 예수께 가서 여쭈니"(요 12:22).

여기서 무엇을 알 수 있습니까? 만약 우리가 베드로를 찾아가서, "베드로 사도님! 우리가 예수님을 만나고 싶어요!"라고 한다면 베드로는 어떤 반응을 보였을까요? 아마 베드로라면 틀림없이 이렇게 대답했을 것입니다. "문제없지! 따라오십시오!" 그러고 나서 "예수님! 이 사람들이 만나고 싶다는데요?"라고 여쭸을 것입니다. 다혈질적이며 충동적이고, 약간은 자기를 과시하고 싶어 하는 기질의 베드로는 당연히 이런 반응을 보였을 것입니다. 그런데 빌립은 직접 예수님 앞으로 간 것이 아니라 안드레와 상의를 합니다. "이 사람들이 예수님을 만나고 싶다는데, 괜찮을까요?" 이렇게 의논한 다음, 안드레와 빌립이 이들을 데리고 예수님 앞으로 갔다고 기록합니다. 상당히 신중하며, 충동적인 행동을 하지 않는 모습입니다. 깊이 생각한 후 확인하고 행동하는 빌립의 기질을 여기서도 발견할 수 있습니다. 재미있지 않습니까?

우리는 요한복음 14장에서 또 다른 사건을 보게 됩니다. 그 장에서 가장 유명한 구절이 무엇입니까? 아마 1절부터 생각날 것입니다.

"너희는 마음에 근심하지 말라 하나님을 믿으니 또 나를 믿으라."

유명한 또 한 구절은 6-7절입니다.

"예수께서 이르시되 내가 곧 길이요 진리요 생명이니 나로 말미암지 않고는 아버지께 로 올 자가 없느니라 너희가 나를 알았더라면 내 아버지도 알았으리로다 이제부터는 너희가 그를 알았고 또 보았느니라."

"내가 길이야! 나를 통해야 아버지께로 갈 수 있어! 나를 본 사람은 아 버지를 본 거야!"라는 말씀입니다. 이때 빌립이 주님에게 요청합니다.

"주여 아버지를 우리에게 보여 주옵소서 그리하면 족하겠나이다"(요 14:8).

빌립은 확인하고 싶은 것입니다. "나를 본 자는 아버지를 보았다고 간 접적으로만 이야기하지 말고, 아버지를 한번 보여 주세요! 확인하고 싶 습니다!" 실증주의적인 성격, 과학자처럼 실제로 만지고 확인하고 싶어 하는 이러한 성격을 다시 한 번 확인하게 되는 구절입니다.

신중하고 확인해야 안심이 되는 빌립에게 주님은 아마 권위 있게 말씀 하셨을 것입니다. 그리고 예수님의 눈동자 안에 있는 그 권위에 찬 눈빛 아래서 빌립은 아마도 이런 것을 느꼈을 것입니다. '아! 저분일지 몰라! 메시아야!'

제가 예수님을 믿기 전에는 교회 나가는 것에 대한 관심은 있었지만,

잘 믿어지진 않았습니다. 저는 충동적인 성격도 있지만, 또 다른 방면으로는 의심도 많았기 때문입니다. 한 친구가 와서 예수님에 대해 열심히 소개하는데 전혀 믿어지지 않았습니다. 그래서 많은 질문을 던졌는데, 이 친구가 신경질이 났던지, 저한테 이렇게 말했습니다. "너! 지옥은 있든 없든 둘 중에 하나인데, 지옥이 있다면 넌 틀림없이 지옥 간다!" 그래서 저는, "넌 오늘부터 나하고 절교야! 너 같은 인간은 절대 안 만날 거야!" 말하고는 그 친구에게 절교를 선언했습니다. 그런데 그날 밤부터 자꾸만 지옥이 생각났습니다. 어떻게 생각하면 굉장히 나쁜 전도 방법입니다. 전혀 매너가 없는 전도 방법인데, 그것이 저를 뒤흔들어 놨습니다. '혹시 지옥이 있다면 나는 그곳에 갈지도 몰라.' 굉장히 무례하게 던진 메시지가 저에겐 신앙을 깊이 생각하게 하는 계기가 되었습니다.

그러고 보면 어떤 전도 방법이든 쉽게 나쁘다고만 단정할 순 없습니다. 하나님은 그런 메시지나 방법도 쓰실 수 있기 때문입니다. 어떤 사람이 나와 똑같은 방법으로 전도하지 않는다고 해서 그 사람의 전도 방법을 너무 쉽게 정죄할 필요는 없을 것입니다.

그의 사역과 죽음

그는 어떻게 일하고 어떻게 죽었습니까? 사실 요한복음에 나타난 몇 개의 사건을 제하면 빌립에 대한 기사를 찾아볼 길이 없습니다. 물론 사도행전에 빌립이라는 이름을 가진 사람이 등장합니다. 하지만 성경학자들은 사도행전의 빌립과 요한복음의 빌립은 다르다고 말합니다. 복음서에 등장하는 빌립은 제자 빌립, 사도 빌립이고, 사도행전에 나오는 빌립은 빌립 집사입니다. 빌립이라는 이름이 많았기에 구별할 필요가 있습니다.

전승에 의하면, 나중에 그의 사역 무대는 소아시아(지금의 터키)가 되었다고 합니다. 특별히 라오디게아교회와 골로새교회를 중심으로 활동했다는 기록이 교회 전승 역사에 남아 있습니다. 삼각형 모양으로 위치한 라오디게아, 골로새, 히에라폴리스, 이 세 곳은 금방 오갈 수 있는 가까운 거리에 있었습니다. 지금 그 지역에 가면 '파묵칼레'(Pamukkale)라는 유명한 온천 도시가 있는데, 하얀 석회암들이 장관을 이루고 있어 도시 전체가 마치 눈에 덮인 것 같은 착각을 불러일으키는 아름다운 도시입니다. 바로 이 지역에서 빌립이 열심히 복음을 전하고 활동한 것으로 전해지고 있습니다. 그러다 나중에는 갈라디아 지방까지 진출합니다. 갈라디아도 역시 터키 안에 있는 지역입니다. 빌립의 전도를 받았던 사람들 중 일부는 프랑스 골 지방까지 가서 복음을 전했다는 전승도 남아 있습니다.

빌립은 갈라디아에서 전도하다가 다시 골로새, 히에라폴리스 지역으로 돌아옵니다. 돌아와서 복음을 전하다가 마침내 체포당해, 십자가를 지고 히에라폴리스 언덕에서 순교를 당합니다. 지금도 그 지역에는 '사도 빌립 순교 교회'의 흔적이 그대로 남아 있습니다. 그래서 그 자리를 찾는 순례객들이 성터처럼 남아 있는 그곳에서 경건히 무릎 꿇어 기도하면서 사도 빌립이 걸었던 일생의 발자취를 추억하는 모습을 볼 수 있습니다. 빌립은 그렇게 복음을 전하다가 순교하면서 그의 생애를 하나님 앞에 바쳤던 것입니다.

그의 삶의 교훈

빌립을 묵상하면서 그의 삶이 우리에게 남긴 긍정적인 교훈을 생각해 보려 합니다. 모든 기질에는 약점과 강점이 있습니다. 그런데 약점을 극복하면 오히려 강점이 될 수 있습니다. 반대로 강점을 잘못 사용하면 오히려 약점이 될 수 있습니다. 우울질이 가진 여러 가지 약점에도 불구하고 그가 주님의 귀한 제자로 아름답게 순교하면서 그의 생애를 하나님 앞에 드릴 수 있었던 비밀을 세 가지로 요약할 수 있습니다.

● 좋은 믿음의 친구들을 가짐

그의 주변에는 항상 좋은 친구들이 있었던 것 같습니다. 성경은 빌립을 혼자 언급하지 않습니다. 빌립은 늘 누구와 더불어 같이 있다든지 같이 대화하는 모습으로 나타납니다. 요한복음 1장을 보십시오. 예수님을 만나고 와서 그 이야기를 누구와 나눕니까? 나다나엘과 나눕니다. 자신이 예수라는 사람을 만났는데, 이런저런 이유로 그분이 메시아 같다는 내용을 가지고 대화하는 모습을 볼 수 있습니다. 헬라 사람들이 찾아왔을 때는 누구와 함께 대화합니까? 안드레와 함께 대화합니다. 아마도 이런 대화 혹은 우정이 우울질의 전형적인 소심함을 극복하면서 그가 믿음에 도달하고 그 믿음을 강화시킬 수 있게 한 어떤 비밀이 아니었나 생각합니다.

우리에게도 이런 좋은 믿음의 친구가 필요합니다. 저는 믿음의 여정에서 이보다 더 큰 축복은 없다고 생각합니다. 돌이켜 보면, 20대 후반에 만나 지금까지 우정을 나누며 늘 격려와 사랑을 주고받는 가운데 함께 자랄 수 있는 좋은 믿음의 친구들을 주신 하나님 앞에 늘 감사하는 마음입니다.

교회 안에서 좋은 믿음의 친구들을 사귀십시오. 물론 교회 안에 있는 사람들이 다 좋은 믿음의 친구인 것은 아닙니다. 다 그랬으면 좋겠지만 교회 안에도 아주 부정적이고 잘못된 영향을 끼칠 수 있는, 만나기만 하면 다른 사람들을 헐뜯고 다니는 사람들이 있습니다. 이런 사람을 만나서 친구가 되면 좋지 않은 영향을 받습니다. 그것은 바람직하지 못한 일입니다. 내가 그를 변화시키면 좋은데, 변화시킬 자신이 없다면 차라리 좋은 영향을 끼칠 수 있는 친구들을 적극적으로 찾는 것이 오히려 더 유익할 것입니다.

● 의심이 있어도 주님 곁을 떠나지 않고 질문하는 자세

그에게는 여러 가지 의심이 있었습니다. 한 예로, 예수님을 그렇게 따라다니며 교훈을 받았음에도 하나님 아버지를 직접 보여 달라고 요청합니다. 그러나 그런 의심이 있었음에도 불구하고 주님 곁을 떠나지 않습니다. 그리고 계속 질문합니다. 좋은 자세입니다.

바로 이런 질문이 그의 인생을 완벽하게 만들어 갈 수 있었던 비밀이었다고 생각합니다. 어쩌면 이 같은 이유로 우울질의 기질을 가진 사람들 중에서 훌륭한 과학자나 예술가들이 많이 나오는지도 모르겠습니다.

● 신중하지만 결단할 줄 아는 태도

그는 아주 신중한 성격이었지만, 결단할 필요가 있을 때는 단호히 결단했습니다. 예수님을 따라갔습니다. 그래서 결단하기 힘든 성격의 사람

들, 그 성격을 빙자해서 계속 중요한 결단을 미루기만 하는 이들에게는 자신의 전부를 거는 결단에의 도전이 필요합니다.

신앙은 결국 결단입니다. 자신을 던지는 것입니다. 그런 결단이 필요한 순간이 반드시 찾아옵니다.

빌리 그레이엄(Billy Graham)의 자서전에는 이런 내용이 있습니다. 그는 20대에 자유주의적 신앙을 가진 교수를 만나, 모든 성경이 하나님의 말씀은 아니며 다른 것도 있다는 견해를 듣고 신앙이 흔들리기 시작합니다. 성경이 하나님의 말씀이 아니라 사람들의 소리 같았습니다. 그러다 보니 깊은 슬럼프에 빠지게 되었습니다. 성경 묵상도 잘 안 되고 전도도 되지 않았습니다.

그러던 어느 날, 성경을 끼고 학교의 자그마한 동산으로 들어가 한참을 묵상하는데, 갑자기 머릿속에 한 생각이 스쳐 지나갔습니다. '내가 알아야 얼마나 알겠는가. 이 세상의 똑똑한 사람이 알아 봐야 얼마나 알 수 있겠는가. 사람의 지혜란 무엇인가. 사람의 이성은 얼마나 제한적인가. 나보다, 우리보다 훨씬 크신 하나님! 그 하나님이 하고자 하신다면 능치 못할 일이 뭐가 있겠는가. 하나님이 하고자 하신다면 전능하신 하나님에게 무엇이 어려운 일이겠는가.' 그러자 한동안 의심했던 성경의 기적과 같은 사건들이 다른 모습으로 보이기 시작했습니다. 순간 그는 무릎을 꿇었습니다. 그리고 성경을 앞에 두고 이렇게 말했습니다. "하나님! 저는 하나님의 말씀을 있는 그대로 받아들입니다! 이 말씀 위에 제 인생을 세울 것입니다. 그리고 이 말씀을 따라 살 것입니다." 이후 슬럼프를 벗어난 그는 말씀을 통해 자기 인생을 만들고, 그 말씀을 선포하는 전도자로 살아가게 됩니다.

빌리 그레이엄의 설교의 특징은, '하나님의 말씀이 말하기를, 성경은 말하기를'(The Bible Says)입니다. 그는 자신의 철학이나 생각을 전하는 것이 아니라, 하나님 말씀의 선포자로, 전도자로 주 앞에 서서 쓰임 받는 놀라운 삶 속으로 들어갔습니다. 한순간의 결단이 그를 새롭게 세운 것입니다.

주님의 부르심 가운데서 아직도 결단하지 못해 갈등하는 사람이 있다면, 빌립처럼 결단하고 주님을 따라 나서는 주님의 제자가 되기를 주님의 이름으로 축복합니다.

빌립(Philip, '말(馬)을 사랑하는 사람'이라는 뜻)
....

- 고향은 갈릴리 서쪽 가장자리에 위치한 어촌 벳새다(요 1:44)
- 어부 출신
- 안드레와 시몬이 부름 받은 다음 날 예수를 따르도록 부름 받음
- 나다나엘이 예수를 따르도록 하는 데 기여함(요 1:43-46)
- 오천 명을 먹일 때 그의 믿음이 시험 받음(요 6:5-7)
- 예수를 만나고 싶어 하던 헬라인들을 예수에게로 데려옴
- 하나님 아버지를 보여 달라고 질문함(요 14:8)
- 그리스에서 선교, 히에라폴리스에서 순교한 것으로 전해짐

7

가룟인 아닌
사도

다대오 유다

왜 세상에
나타내지 않으십니까?
(요 14:22)

전승에 따르면
아브가르(에데사의 왕)의
병을 치유함

주요 사건

다대오 유다
(찬양)

가족

아버지
야고보

○ 요 14:22-23

가룟인 아닌 유다가 이르되 주여 어찌하여 자기를 우리에게는 나타내시고 세상에는 아니하려
하시나이까 예수께서 대답하여 이르시되 사람이 나를 사랑하면 내 말을 지키리니 내 아버지께
서 그를 사랑하실 것이요 우리가 그에게 가서 거처를 그와 함께하리라

　　다대오 유다에 대한 성경의 유일한 기록은 요한복음 14장 22-23절 입
니다. 제자 리스트를 말할 때를 제외하면 그에 대한 기록은 딱 한 번, 이
구절에만 나옵니다. 본문은 유다라는 제자에 대해 어떻게 소개합니까?
'가룟인 아닌 유다'입니다. 가룟 지방 출신이 아닌 유다라는 뜻입니다. 예
수님에게는 유다라는 이름을 가진 또 한 명의 제자가 있었습니다. 바로
가룟 유다입니다. 성경은 가룟 유다와 다대오 유다를 구분하기 위해 '가
룟인 아닌 유다'라고 기록한 것으로 보입니다.

　　유다라는 이름은 본래 '찬양'(praise)이라는 뜻으로 굉장히 좋은 이름입
니다. 그러나 가룟 유다 이후로는 이 이름이 거의 없어졌습니다. 유대인
을 제외한 그리스도인 영향권 아래서는 이 이름을 쓰는 사람이 거의 없
어졌습니다.

　　앞에서도 말했듯이, 다대오 유다는 성경에 딱 한 번 등장합니다. 성경
학자들은 '유일하게 등장하는 제자'라는 표현을 쓰기도 하고, '이름 없이
빛도 없이 섬겼던 제자', '전혀 두드러지지 않았던 제자', '가룟 유다와 동
명이인이었던 제자'라고 소개되기도 합니다. 그러나 성경의 저자이신 성
령님은 그가 가룟 유다와 혼동되지 않기를 기대하셨습니다.

가룟인 아닌 유다, 이 인물에 대해서 몇 가지만 생각해 보고자 합니다.

그의 인물 됨

그는 어떤 사람이었을까요? 우리는 성경에 있는 짤막한 단서들을 통해서 이 사람의 인물 됨에 관한 세 가지 중요한 결론을 유추할 수 있습니다.

● 세 이름으로 소개된 제자

유명한 성경학자였던 제롬(Jerome)은 성경을 처음 라틴어로 번역했던 사람입니다. 제롬은 다대오 유다에 대해 연구하면서 그를 '세 이름을 가진 사나이'라고 소개했습니다.

먼저, 마태복음과 마가복음의 예수님의 열두 제자를 소개하는 리스트에서는 이 사람을 '다대오'라고 소개하고 있습니다. 그러나 누가가 기록한 두 책, 누가복음과 사도행전은 '다대오'가 아니라 '유다'라고 기록했습니다. 그리고 누가복음 13장에는 그냥 '유다'가 아닌 '야고보의 아들 유다'라고 기록되어 있습니다.

성경학자들은 '유다'가 본명이고, '다대오'는 별명이었을 거라고 생각합니다. 본래 '다대오'라는 말은 '도다'라는 말에서 유래되었는데, '도다'는 '찬양하다'라는 뜻입니다. 그리고 보면 그는 이렇게 말해도 저렇게 말해도 '찬양'이라는 운명을 가지고 태어난 사람입니다.

● 넓은 가슴을 지닌 제자

마태복음 10장 3절을 보십시오. 우리말 성경에는 나오지 않지만, 영어 성경인 KJV에 보면 그를 '다대오'라 하지 않고 '레베오(Lebbaeus) 다대오'라고 기록한 것을 볼 수 있습니다. 여기서 '레베오'란 무엇일까요? 이것은 '가슴'을 뜻하는 '렛'이라는 단어에서부터 유래한 말로, '아주 따뜻한 가슴', '부드러운 가슴'이라는 의미를 갖습니다. 만약 이것이 그의 별칭이었다면, 이는 그의 성격과 중요한 관련이 있다는 사실을 유추해 볼 수 있습니다. 그리고 이러한 별칭이나 애칭으로 미루어 볼 때, 그는 아마도 따뜻한 가슴을 가진, 매우 다정다감한 제자가 아니었을까 상상할 수 있습니다.

이름과 상관없이 성경이 유일하게 설명하는 부분을 살펴보겠습니다. 본문에서 그가 예수님 앞에 나아와 던졌던 질문이 무엇입니까?

"주여 어찌하여 자기를 우리에게는 나타내시고 세상에는 아니하려 하시나이까"(요 14:22).

앞 장에서도 말했지만, 요한복음 14장이 유명한 이유는 우리가 잘 아는 두 구절이 연상되기 때문입니다.

"너희는 마음에 근심하지 말라 하나님을 믿으니 또 나를 믿으라"(요 14:1).

"예수께서 이르시되 내가 곧 길이요 진리요 생명이니 나로 말미암지 않고는 아버지께로 올 자가 없느니라"(요 14:6).

이 말씀을 듣고 한 제자가 이렇게 요청합니다. "그렇다면 우리에게 아버지를 보여 주세요!" 제자 빌립이 한 요청입니다. 이에 예수님은, "나를 본 사람은 아버지를 본 것이다"라고 말씀하십니다. 이때 이러한 대화에 이어 가룟인 아닌 유다, 즉 다대오 유다가 질문합니다. "그렇다면 왜 우리에게는 자신을 그렇게 나타내 보여 주시면서 다른 사람에게는 나타내지 않으십니까?" 당신이 길이요, 진리요, 생명이라면 모든 사람이 그 사실을 알고 당신을 따르는 것이 마땅하지 않겠냐는 의미에서 던진 질문이라고 생각됩니다. 내가 알게 된, 내가 만나게 된, 내가 따르고 있는 그 예수님을 더 많은 사람들이 알고, 믿고, 따랐으면 좋겠다는 의미에서 질문한 것입니다. 이를 통해, 매우 진지한 선교적 관심과 다른 사람들을 배려하는 넓은 가슴을 가진 제자가 바로 다대오 유다였을 것이라고 추정할 수 있습니다.

● **이름값을 한 제자**

'유다'의 뜻은 찬양이라고 했습니다. 요즘 한국에서도 '주님을 찬양한다'는 의미로 자녀 이름을 '주찬'으로 짓는 사람들이 많은데, 이름은 그렇게 지어 놓고 전혀 찬양과 상관없이 산다면 참으로 어울리지 않는 이름입니다. 이름값을 못하는 셈입니다. 저도 때때로 제 이름 때문에 자책을 느낄 때가 많습니다. '나는 과연 이름값을 하고 사는 인생일까?' 이름은 '동녘 동'자에 '으뜸 원'자, '동쪽에서 제일 잘난 사람'이라는 뜻인데, 그렇지 못한 인생을 산다는 자책감이 있습니다.

유다는 이름값을 한 제자였을 것입니다. A. B. 브루스(Alexander B. Bruce)

라는 성경학자가 《열두 제자의 훈련》(크리스천다이제스트 역간)이라는 책을 쓰면서 유다에 관한 전승을 하나 소개했습니다. 아마 열두 제자의 각자 어울리는 모습을 서술하다가 이렇게 기록한 것으로 보입니다. "같은 이름을 가진 유다가 예수님에 대해서 불평하고 있었을 때, 또 다른 이름을 가진 유다는 찬양하고 있었다." 똑같이 유다라는 이름을 가졌지만 두 제자의 삶의 양식은 얼마나 대조적입니까? 한 사람의 유다가 불평하고 있었을 때, 다른 제자 유다는 하나님을 찬양하며 높여 드리고 있었다는 것입니다. 그는 매우 긍정적인 제자였습니다. 그는 감사와 찬양을 생활화하면서 찬양을 라이프스타일로 삼고 살아가던 사람이었습니다.

입술로 찬양하는 것은 대단히 중요합니다. 하지만 그보다 더 중요한 것은, 우리의 삶이 찬양이 되게 해야 합니다. 우리의 삶으로 주님을 찬양해야 합니다. 우리의 삶에 어떤 환경이 주어지든 주님을 찬양하는 것은 매우 중요합니다.

그의 사역과 죽음

성경은 그의 사역과 죽음에 관해서 침묵을 지키고 있습니다. 따라서 우리는 교회사의 전승에 의존할 수밖에 없습니다.

전승에 의하면, 처음에 그는 유대 땅을 떠나 시리아로 가서 복음을 전합니다. 다메섹(다마스쿠스)이 있던 곳이 바로 지금의 시리아입니다. 그러다 좀 더 나아가 유프라테스 강 근처에 가서 사역을 합니다. 그리고 에데사 지역까지 진출합니다. 에데사 지역은 지금의 터키입니다. 지금의 이란, 이라크 지역까지 가서 복음을 전했던 것으로 알려집니다. 말년에는 주로 아르메니아라는 지역에 가서 복음을 전했는데, 그가 아르메니아에 갔을 때 그곳 사람들이 복음에 커다란 반응을 보였다고 합니다.

그의 사역의 놀라운 효과는 에데사에서부터 시작되었다고 합니다. 다대오 유다는, 지금은 터키의 한 변방 마을에 불과하지만, 에데사에 가서 그곳의 왕이었던 '아부가르'의 병을 치료해 줍니다. 종종 치료의 이적, 힐링의 기적이 복음 선교의 문을 활짝 열게 하는 경우가 있는데, 이때가 그랬습니다. 아부가 왕이 치료를 받자 부족 전체가 주님 앞에 돌아오면서 그 소문이 아르메니아에 전달되었다고 합니다. 그래서 아르메니아 지역에 예수 그리스도의 복음이 급속도로 전해집니다.

아르메니아는 과거에 동구권, 소련에 속해 있었던 나라지만 A.D. 300년대 초에 전 국가적으로 복음이 전파되어 복음화 된, 최초의 기독교 국가였습니다. 콘스탄티누스가 기독교를 국교로 공인하기 전에 이미 복음화 되어 있었다는 증언을 교회사에서 찾아볼 수 있습니다. 그는 그곳에서 복음을 전하다가 다시 시리아로 되돌아가 전도하지만, 시리아에서 칼에 맞아 숨지게 됩니다. 그는 숨지면서도 이름처럼 하나님을 찬양하다가 자기의 생명을 주님 앞에 드린 것으로 교회의 전승은 기록하고 있습니다.

그의 질문에 대한 대답

이제는 다대오 유다가 던졌던 질문에 대한 대답을 생각해 보고자 합니다. 그의 질문이 무엇이었습니까? "왜 우리에게는 자신을 나타내 보여 주시면서 세상에는 자신을 나타내지 않으십니까? 더 많은 사람들, 당신을 알아야 할 세상 사람들에게는 당신 자신을 왜 나타내지 않으십니까?" 이 질문에 대해 예수님은 어떻게 대답하십니까?

"사람이 나를 사랑하면 내 말을 지키리니 내 아버지께서 그를 사랑하실 것이요 우리가 그에게 가서 거처를 그와 함께하리라"(요 14:23).

"사람이 나를 사랑하면 내 말을 지킬 것이고, 그러면 내 아버지가 그들을 사랑하시어 그들과 함께하실 것이다!" 즉, 함께 살면서 그에게 당신을 나타내 보여 주시겠다는 것입니다. 그렇습니다. 계시하시는 주님, 그 주님을 체험할 수 있는 방법은 그분과 함께하는 것입니다.

교회에 소속되어 신앙생활하는 사람들 가운데도 이와 동일한 질문을 가진 사람들이 있을 것입니다. '어떤 사람은 기적을 체험하고, 또 어떤 사람은 살아 계신 하나님을 경험하는데, 왜 나에게는 주님 당신을 나타내 보여 주지 않으십니까?' 이러한 질문에 주님은 지금도 똑같은 대답을 하실 것입니다. "나를 사랑하면 내 말을 지킬 것이다. 그리고 내 말을 따르고 순종하고 지키는 자들에게는 반드시 내가 나를 나타내 보여 줄 것이다." 우리가 주님을 사랑한다면 주님의 말씀에 순종할 것이고, 그 말씀에 순종하고 따라가는 과정에서 자연스럽게 함께하시는 주님의 기적을, 임재하심을, 인도하심을 체험하게 될 것입니다.

그가 남긴 교훈

그는 어떤 인생을 살았습니까? 그는 세 가지 종류의 인생을 살았다고 말할 수 있습니다. 이 세 가지는 서로 연결되어 있습니다.

● 이타적 동기의 인생을 살았던 제자

그는 자신을 위해서만 살지 않고 남을 배려했던 사람, 그래서 주님의 교훈을 들으면서도 다른 사람을 생각했던 사람입니다. 주님을 다른 사람에게 어떻게 나타내 보여 줄 것인지 이타적인 동기를 가지고 인생을 살았던 제자가 바로 다대오 유다였을 것이라고 생각합니다.

● 매우 긍정적인 인생을 살았던 제자

똑같은 삶의 환경에 처해 있어도 한 사람은 긍정적일 수 있지만, 또 한 사람은 매우 부정적일 수 있습니다. 물이 반쯤 차 있는 컵을 보고 어떤 사람은 "반이나 비었어!"라고 말하는데, 어떤 사람은 "반이나 차 있네!"라고 말할 수 있습니다. 똑같은 현상입니다. 상황은 전혀 바뀌지 않았습니다. 그러나 그 같은 상황 앞에 어떤 사람은 매우 긍정적인(Positive) 반응을 보일 수 있는 반면, 또 어떤 사람은 매우 부정적인(Negative) 반응을 보일 수 있습니다.

환경에 어떻게 반응하느냐에 따라서 인생은 매우 달라집니다. 그는 항상 남을 배려하며 인생을 긍정적으로 살았던 제자였습니다. 우리도 이 제자와 동일한 발자취를 닮고 싶어 하는 마음을 가져야 합니다.

● 사랑에 이끌린 인생을 살았던 제자

"주님! 어떻게 주님을 볼 수 있고, 나타낼 수 있습니까?"라는 다대오 유다의 질문에 주님은 이렇게 대답하셨습니다. "나를 사랑하면 돼!" 그는 그 사랑 안에 거했습니다. 그리고 그 사랑 때문에 주님의 사랑을 전하기 위해서 주님이 보내시는 곳으로 기꺼이 나아가 열방을 위해, 복음을 기다리고 있는 수많은 민족을 위해, 하나님의 사랑을 알지 못하는 사람들을 위해 자신의 생명과 인생을 던졌습니다. 이렇게 가슴이 따뜻했던 사람, 다대오 유다. 그를 잊지 마십시오.

다대오 유다(Thaddaeus Judas, '유다'는 '찬양', '다대오'는 '사랑받는 아들'이라는 뜻)

- 야고보의 아들(눅 6:16)
- 예수에게 "어찌하여 자기를 우리에게는 나타내시고 세상에는 아니하려 하시나이까" 질문함(요 14:22)
- 다메섹(시리아)에서 순교한 것으로 전해짐
- 전승에 따르면 아브가르(에데사의 왕)의 병을 치유함

8

순전한 마음의
사도

∘●

나다나엘

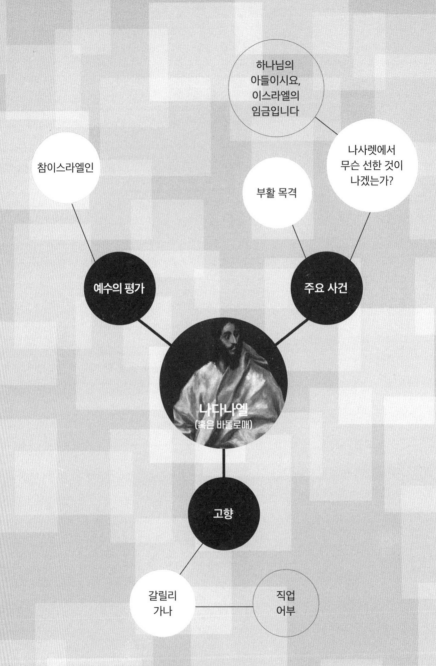

● 인물 마인드맵 _ **나다나엘**

하나님의 아들이시요, 이스라엘의 임금입니다

참이스라엘인

나사렛에서 무슨 선한 것이 나겠는가?

부활 목격

예수의 평가

주요 사건

나다나엘
(혹은 바돌로매)

고향

갈릴리 가나

직업 어부

○ 요 1:45-51

빌립이 나다나엘을 찾아 이르되 모세가 율법에 기록하였고 여러 선지자가 기록한 그이를 우리가 만났으니 요셉의 아들 나사렛 예수니라 나다나엘이 이르되 나사렛에서 무슨 선한 것이 날 수 있느냐 빌립이 이르되 와서 보라 하니라 예수께서 나다나엘이 자기에게 오는 것을 보시고 그를 가리켜 이르시되 보라 이는 참으로 이스라엘 사람이라 그 속에 간사한 것이 없도다 나다나엘이 이르되 어떻게 나를 아시나이까 예수께서 대답하여 이르시되 빌립이 너를 부르기 전에 네가 무화과나무 아래에 있을 때에 보았노라 나다나엘이 대답하되 랍비여 당신은 하나님의 아들이시요 당신은 이스라엘의 임금이로소이다 예수께서 대답하여 이르시되 내가 너를 무화과나무 아래에서 보았다 하므로 믿느냐 이보다 더 큰일을 보리라 또 이르시되 진실로 진실로 너희에게 이르노니 하늘이 열리고 하나님의 사자들이 인자 위에 오르락내리락하는 것을 보리라 하시니라

저는 나다나엘에게 '순전한 마음의 사도'라는 표현을 붙이고 싶습니다. 순전치 못한 이 시대에 이 표현이 우리 마음속에 얼마나 큰 감동으로 다가오는지 모릅니다.

요한복음에서 나다나엘이라고 언급된 이 제자는 공관복음의 제자 리스트에 '바돌로매'로 기록되어 있습니다. 나중에 결론적으로 말하겠지만, 나다나엘과 바돌로매는 같은 사람입니다. 나다나엘은 '하나님이 주셨다'(God has given)라는 뜻입니다. 그래서 '하나님의 선물'이라는 넓은 의미의 뜻을 내포하고 있습니다. 바돌로매는 '돌로매의 아들'이라는 뜻으로, 그의 아버지 이름이 돌로매였음을 알 수 있습니다.

어떤 사람들은 무슨 근거로 나다나엘과 바돌로매가 같은 인물로 추정될 수 있느냐며 의문을 제기할 것입니다. 본문을 보십시오. 나다나엘이

누구와 짝이 되어 등장합니까? 빌립입니다. 그럼 이제 공관복음을 살펴보겠습니다.

> "열두 사도의 이름은 이러하니 베드로라 하는 시몬을 비롯하여 그의 형제 안드레와 세베대의 아들 야고보와 그의 형제 요한, 빌립과 바돌로매, 도마와 세리 마태, 알패오의 아들 야고보와 다대오"(마 10:2-3).

공관복음의 기자가 열두 제자의 명단을 소개할 때 짝을 지어 소개하고 있는 것을 주목해서 보십시오. 베드로를 소개하면서 형제 안드레를 함께 소개했고, 세베대의 아들 야고보와 그의 형제 요한을 함께 소개했습니다. 그리고 육신의 형제는 아니지만 짝이 되어 동행했던 제자들이 있었습니다. 그 대표적인 사례가 3절의 '빌립과 바돌로매'입니다. 그런데 여기에는 나다나엘이라는 이름이 등장하지 않고, 빌립과 바돌로매로 기록되어 있습니다. 흥미로운 것은, 바돌로매가 등장하는 대목에서는 나다나엘이 등장하지 않고, 나다나엘이 등장하는 대목에서는 바돌로매가 등장하지 않는다는 것입니다. 그러나 두 이름은 항상 빌립과 함께 등장합니다.

이러한 점들로 미루어 볼 때, 나다나엘과 바돌로매는 같은 사람이었을 것이라고 추측할 수 있습니다. 둘 중에 하나는 별명이었을 가능성이 많은데, 나다나엘이 아마 본명이지 않았을까 싶습니다. 하지만 그의 아버지가 유명한 사람이었는지, 누구의 아들이라고 하면 더 잘 알기 때문에 돌로매의 아들이라는 뜻의 바돌로매라고 표기하지 않았을까 생각합니다.

그의 회심

나다나엘은 어떻게 예수님을 믿게 되었을까요? 본문을 보면 나다나엘은 빌립을 통해 전도를 받았습니다. 요한복음 1장 45절을 보십시오. 빌립이 나다나엘을 찾아와 이렇게 말합니다. "모세가 율법에 기록했고 여러 선지자가 기록한 그 메시아를 드디어 만났어! 요셉의 아들인 나사렛 예수가 바로 메시아야!" 그는 이 말을 듣고 관심을 갖기 시작했을 것입니다. 그리고 어느 날, 나다나엘에게 드디어 예수님을 만날 기회가 찾아옵니다.

> "예수께서 나다나엘이 자기에게 오는 것을 보시고 그를 가리켜 이르시되 보라 이는 참으로 이스라엘 사람이라 그 속에 간사한 것이 없도다"(요 1:47).

예수님이 드디어 그를 만나 주셨습니다. 그런데 예수님을 직접 만나기 전에 예수님에 대한 소개를 누구에게 받았습니까? 빌립에게 받았습니다. 빌립은 예수님을 '나사렛 예수'라고 소개했습니다. 그런데 그는 이 '나사렛'이라는 말이 거슬렸던 것 같습니다. 그 당시 나사렛은 지방색에 대한 편견으로 어려움을 경험한 지역이었습니다. 지금도 마찬가지입니다. 지금도 이스라엘의 엘리트 계층 대부분은 예루살렘 주변에 살고 있습니다. 예루살렘은 유다 지역의 수도이고, 북쪽 전체는 갈릴리 지역이라고 부릅니다.

유다 지역 사람들은 갈릴리 지역 사람들을 천시했습니다. 갈릴리 사람들은 유다 예루살렘 지역에 있는 사람들보다 교육을 받지 못했기 때문에 배우지 못한 사람들이라는 의식이 있었습니다. 또 상당히 교양 없는 사람들이라는 편견도 있었습니다. 심지어 같은 갈릴리 지방 안에서도 나사렛 사람들은 더 많은 편견에 시달렸다고 합니다. 인간은 언제나 편견의 노예로 살아가는 모습을 볼 수 있습니다.

나다나엘은 갈릴리 지역에서도 '가나' 출신이었습니다.

> "시몬 베드로와 디두모라 하는 도마와 갈릴리 가나 사람 나다나엘과 세베대의 아들들
> 과 또 다른 제자 둘이 함께 있더니"(요 21:2).

가나라는 마을은 아주 조그만 동네입니다. 나다나엘은 아마 가나에서 태어나 가나 지역에서 조금 더 남쪽에 위치한 나사렛에서 자라나지 않았을까 추정됩니다.

그는 편견의 대상인 갈릴리 출신이었지만, 정직한 구도자로서 진지하고 열린 마음의 구도의 정신을 가지고 있었던 사람으로 생각됩니다. 어떻게 알 수 있습니까? 다시 본문을 보십시오. 예수님이 그를 만났을 때 굉장히 흥미로운 말씀을 하셨습니다. 무화과나무 아래 있을 때 그를 보셨다는 것입니다.

여기서 '무화과나무 아래'라는 말은 어떤 의미를 갖고 있습니까? 무화과나무는 본래 그렇게 작은 나무가 아닙니다. 가지와 이파리를 내면 높게는 7미터 이상 자라 주변을 덮을 수 있는 나무입니다. 그러다 보니 그 아래에서 시원한 안식을 즐기게 하는 쉼터의 역할을 감당하고 있었습니

다. 그래서인지 예로부터 경건한 유대인들은 이 무화과나무 아래에서 낮잠도 자고 독경하기를 아주 좋아했다고 합니다. 다시 말하면, 구약성경 읽기를 아주 좋아했다는 것입니다. 우리나라의 옛 선비들이 시원한 느티나무 아래서 책을 읽던 광경을 연상하면 아마 쉽게 이해될 것입니다. 이렇게 볼 때, 아마도 그는 성경을 읽으면서 오실 메시아를 기다리던 구도자였을 것이라고 생각됩니다.

그렇게 메시아를 기다리던 어느 날, 그는 빌립을 통해서 결정적인 기회를 얻게 됩니다. 나사렛 예수에 관한 소개를 듣게 된 것입니다. 같은 갈릴리 지방 출신이면서도 자기 지역 안의 다른 마을에 대한 편견을 가지고 있던 그가 드디어 예수님을 만날 결정적 기회를 붙잡게 된 것입니다. 그가 만약 성경을 읽으면서 메시아 대망의 사상을 안고 예수님을 기다리고 있었다면, 예수님이 그를 만나 주신 것은 어떤 의미에서 볼 때 그의 마음속 깊은 곳에 자리한 열망 혹은 기도에 대한 하나님의 응답이었다고 말할 수 있습니다. '구하면 주실 것이고, 찾으면 찾아 낼 것이며, 문을 두드리면 열릴 것'이라는 말씀처럼 말입니다. 사실 구하는 사람에게는 어느 날 하나님이 이런 응답의 기회를 주십니다.

본래부터 메시아에 대한 간절한 열망을 안고 기도하며 기다리던 그에게 드디어 주님이 찾아오셔서 만나게 된, 그래서 예수님의 제자가 된 사건이 바로 나다나엘의 회심의 배경이라고 추정됩니다.

그의 인물 됨

그는 어떤 사람이었습니까? 예수님은 그에 대해 '참이스라엘 사람', 또 다른 표현으로는 '간사함이 없는 사람'이라고 말씀하셨습니다. 그런데 사실 나다나엘의 마음속에는 예수님에 대한 사회적 편견이 존재하고 있었습니다. 같은 갈릴리 출신임에도 자신은 가나에 살았고, 예수님은 나사렛에 사셨기 때문입니다.

제가 예수님이라면 나다나엘을 만났을 때 그를 혼냈을 것 같습니다. 저 같으면, "너는 성경을 읽는 이스라엘의 학자가 아니냐? 그런 네가 어떻게 한 마을과 마을 사람에 대한 사회적 편견에 사로잡혀 있느냐? 정신 차려라!" 하고 충고했을지 모릅니다. 하지만 과연 예수님이십니다. '나는 예수님을 정말 따라갈 수 없겠구나! 하지만 계속해서 예수님을 따라야겠구나!'라는 생각을 하게 만드는 대목이 바로 본문입니다.

예수님은 편견을 가지고 당신을 바라보는 나다나엘을 만나자마자 그를 비난하거나 충고하는 대신 먼저 칭찬하셨습니다. "네 마음에는 간사함이 없다! 비록 나에 대한 편견이 있을지는 몰라도, 네 마음속 깊은 곳에는 순전함이 있다!" 그랬더니 나다나엘이 어떤 반응을 보였습니까? "어떻게 나를 아십니까?"라고 물었습니다. 평소에 이런 정직함과 순전함에 대한 칭찬을 들었을지도 모르고, 자기도 자신을 그렇게 인식했을지 모를 일입니다. 이때 예수님은, "빌립이 너를 부르기 전부터 너를 보았다"라고 대답하십니다.

여기서 우리는 예수님의 또 하나의 신성의 증거를 확인할 수 있습니다. 그때 비로소 만나서 아신 것이 아니라, 그 이전부터 그의 모든 것을 이미 알고 계셨습니다. "네가 무화과나무 아래 있었을 때도 나는 너를 보고 알고 있었다." 이런 예수님의 순전하신 접근이 아마 나다나엘의 편견의 벽을 깨고 그 마음을 열게 만든 직접적인 동기가 아니었을까 생각합니다.

이뿐 아니라 예수님은 또 뭐라고 말씀하셨습니까? "너는 참이스라엘 사람이다!" 여기서 '참'이라는 말은 '순전하다', '정직하다'는 뜻입니다. 마음에는 편견이 있을지 모르지만, 그럼에도 불구하고 '정직하고 순전한 사람'이라는 것입니다. 그때 그의 마음 문이 확 열립니다.

어떤 사람에게 복음을 전하고 싶다면, 그 사람에게 어떤 칭찬거리가 있는지를 먼저 살펴보십시오. 어떤 사람은 전도하려고 할 때 예수님에 대해 욕을 할 수도 있습니다. 그렇지만 "생각이 참 깊으시네요!", "여러 가지로 생각을 많이 하셨네요!"라고 하면 마음이 확 열리게 됩니다. 만일 "당신은 편견만 가지고 있어요! 그것은 기독교에 대한 절대적인 오해예요!"라고 한다면 어떻게 나올까요? "그래, 너 잘났다! 난 너하고 얘기 안해!" 하며 대화를 이어 갈 수 없게 됩니다.

여기서 우리는 인간관계의 아름다운 예술(Art)을 예수님에게서 배우게 됩니다. 인간관계 속에서 칭찬처럼 우리의 마음을 따뜻하게 하는 것은 없습니다. 칭찬은 사람의 마음을 여는 열쇠와 같습니다. 그러니 늘 칭찬하며 사십시오. 만날 때마다 험담하고, 비판하고, 다른 사람에 대한 얘기를 늘어놓는다면 벽이 생깁니다. 사람들은 계속해서 벽을 만들면서 살아갑니다. 하지만 세상은 외로운 섬처럼 다리가 놓이기를 기다리고 있습니다. 무엇으로 다리를 만들 수 있습니까? 바로 칭찬입니다. 하지만 근거 없는 칭찬은 오히려 놀리는 것처럼 보일 수 있으니 근거를 가지고 칭찬해야 합니다. 사실에 입각해서 칭찬해야 합니다.

나다나엘은 칭찬받기에 합당한 사람이었습니다. 저는 예수님이 나다나엘이 가졌던 일부 편견에도 불구하고 그의 마음 깊은 곳에 존재하고 있었던 정직함과 순전함을 있는 모습 그대로 평가해 주신 것이라고 생각합니다. 나다나엘, 그는 순전한 마음을 가진 사람이었습니다.

그의 사역과 죽음

그의 사역과 죽음에 대해서는 성경에서 큰 도움을 받을 수가 없습니다. 성경이 이 문제에 관해서는 침묵을 지키고 기록하지 않기 때문입니다. 앞서 살펴본 몇몇 제자들과 마찬가지로, 이 문제에 관해서는 성경 이외의 자료를 찾아야 합니다.

역사나 전승에 의하면, 그는 아주 조용한 성격으로 늘 뒤에 있고 나서지 않았지만, 책임감이 강하고 성실한 제자로 묘사됩니다. 전승에 의하면, 그는 이스라엘을 떠나 소아시아로 갑니다. 소아시아의 부르기아 히에라폴리스(라오디게아, 곧 골로새 근처에 있는 도시) 주변에서 전도하다가 나중에는 페르시아 그리고 심지어는 아르메니아, 또 어떤 전승에 의하면 인도까지 진출했다는 설도 있습니다. 물론 확실하지는 않습니다.

한 전승에 의하면, 그는 전도하다가 붙잡혀 곤봉 같은 몽둥이에 맞아서 피부가 다 벗겨졌다고 합니다. 그리고 십자가에 거꾸로 못 박힌 채 순교를 당한 것으로 전해집니다. 어떤 자료에 의하면 모래주머니에 담겨 바다에 던져진 것으로 전해지기도 합니다. 학자들은 십자가에 거꾸로 매달려 처형을 당한 후 바다에 던져졌을 것이라고 생각합니다.

바돌로매 혹은 나다나엘이라는 사도에 대한 상징이 있습니다. 피부가 벗겨진 채 순교를 당했다고 해서 교회 역사에서는 항상 이 사람의 상징으로 세 갈래로 갈린 나이프를 제시합니다. 그는 칼에 의해 살가죽이 벗겨지면서까지 주님을 증거하고 복음을 전하다가 자신의 생명을 주님 앞에 드렸던 제자라고 역사는 전해 오고 있습니다.

그의 교훈

그는 세 가지의 중요성을 우리에게 가르쳐 줍니다.

● 편견을 극복하는 중요성

사람이라면 누구나 편견을 갖고 있습니다. 그러나 중요한 것은, 편견에 대한 극복 여부입니다. 진리가 올 때, 진리가 증거되었을 때 마음속에 존재하는 편견을 어떻게 넘어서고 극복할 수 있느냐는 것이 참으로 중요합니다. 어떤 사람은 편견을 넘어서지 못하고 편견의 노예가 된 채 한평생을 살아갑니다. 하지만 좀 더 쓰임 받는 사람, 하나님에게 붙잡혀 살아가는 사람들은 마침내 편견을 넘어서는 모범을 보였습니다.

우리는 편견을 극복할 줄 알아야 합니다. 그에게는 특별히 나사렛 사람에 대한 편견이 있었습니다. 하지만 편견을 넘어서서 예수님이 구세주임을 받아들일 수 있었던 사람이 바로 나다나엘이었습니다.

● **진지한 구도의 중요성**

그는 성경을 열심히 탐독했던 사람으로, 예수님을 만나기 전부터 구약을 읽어 왔을 것이라고 생각합니다. 심지어 한 학자는, 거의 추측에 가까운 얘기지만, 나다나엘이 무화과나무 아래에서 창세기 28장을 읽었을 것이라고 이야기하기도 합니다. 아주 흥미로운 추측이 아닐 수 없습니다. 하지만 저는 이것이 전혀 근거 없는 추측이라고는 생각하지 않습니다. 창세기 28장에는 무슨 사건이 기록되어 있습니까? 야곱의 사닥다리 사건입니다.

"야곱이 브엘세바에서 떠나 하란으로 향하여 가더니 한곳에 이르러는 해가 진지라 거기서 유숙하려고 그곳의 한 돌을 가져다가 베개로 삼고 거기 누워 자더니 꿈에 본즉 사닥다리가 땅 위에 서 있는데 그 꼭대기가 하늘에 닿았고 또 본즉 하나님의 사자들이 그 위에서 오르락내리락하고"(창 28:10-12)

이제 요한복음 1장 50절로 돌아와 나다나엘이 예수님을 만났을 때의 장면을 보겠습니다.

"예수께서 대답하여 이르시되 내가 너를 무화과나무 아래에서 보았다 하므로 믿느냐 이보다 더 큰일을 보리라."

"빌립이 너를 만나기 전에 네가 무화과나무 아래에 있다는 것을 알고 있었어. 너, 이거 믿어? 이걸 믿는다면 이보다 더 큰일도 볼 거야!" 그리고 이어서 말씀하십니다.

"진실로 진실로 너희에게 이르노니 하늘이 열리고 하나님의 사자들이 인자 위에 오르락내리락하는 것을 보리라"(요 1:51).

"너 그거 읽고 있었지? 그런데 네가 그것을 네 눈으로 보게 될 거야! 인자가 하늘과 땅을 연결하는 중보자로 와서 인류를 구속하는 놀라운 사실을 경험하게 될 거야! 너는 바로 그러한 예언이 이루어지는 현장에 서 있는 거야! 나, 메시아를 만난 거야!"라고 하신 것입니다.

그가 성경을 읽으면서 추구하고 있었던 구도의 열망이 얼마나 신기하고 놀라운 방법으로 응답된 것입니까? 구하는 자는 얻을 것입니다. 찾는 자는 찾아 낼 것입니다. 문을 두드리는 자는 반드시 열리는 것을 보게 될 것입니다.

● 순전한 마음 밭의 중요성

그는 평생을 순전하고 신실한 제자로 살다가 하나님 앞에 부름을 받았습니다. 전승에 의하면, 그는 깊은 묵상의 사람이었다고 합니다. 그는 성경 읽는 것을 좋아했고, 늘 묵상하기를 좋아했다고 합니다.

우리의 마음을 순수하게 가꿀 수 있는 방법이 있다면 그것은 말씀 묵상입니다. 영어에 이런 표현이 있습니다. 'You are what you eat.' 먹은 음식이 나를 만든다는 뜻입니다. 이것은 영적으로도 마찬가지입니다. 매일 말씀을 가까이하고 묵상하면 그 말씀이 나를 만드는 것입니다. 밤낮으로 유행가만 듣거나 슬픈 소설만 읽고 있으면 '맞아. 인생은 슬픈 거야. 세상은 믿을 수 없는 거야'라는 확신을 갖고 결론을 내리게 됩니다. 그렇기에 우리는 좋은 영향을 받아야 합니다. 말씀 묵상을 통해서 경건한 영향을 받으면 우리의 마음 밭이 순전하게 가꾸어집니다.

예수님은 네 가지의 마음 밭을 이야기하십니다. 돌밭도 있고, 가시떨기 밭도 있고, 길가도 있습니다. 그러나 가장 좋은 밭은 무엇입니까? 좋은 땅입니다. 그 좋은 땅이라고 비유되는 사람은 어떤 사람입니까? 예수님은 말씀을 듣고 지키는 사람이라고 말씀하십니다.

나다나엘이 바로 그런 사람이었습니다. 말씀을 가까이했던 사람, 그래서 그 마음이 순전할 수 있었던 사람 말입니다. 당신의 삶이 나다나엘, 혹은 바돌로매와 같아지기를 주님의 이름으로 축복합니다.

나다나엘(Nathanael, '하나님의 선물'이라는 뜻)

- 바돌로매(Batholomew)라고도 불림
- 갈릴리 가나 출신
- 빌립이 예수에게 데리고 온 인물, 나사렛에서 메시아가 나온다는 가능성에 회의적(요 1:45-46)
- 정직하고 진취적, 참이스라엘 사람이라 칭함을 받음(요 1:47)
- 예수가 하나님의 아들이며 이스라엘의 왕인 것을 고백한 첫 번째 사람(요 1:49)
- 예수의 첫 예언, 승천에 관한 말을 들음(요 1:51)
- 예수가 디베랴 바다 근처에서 부활해 나타났을 때 그리스도를 본 사람들 중의 하나
- 산 채로 살가죽이 벗겨진 채 머리를 베여 순교당했다고 전해짐

경멸을 존경으로
바꾼 사도

○●

마태

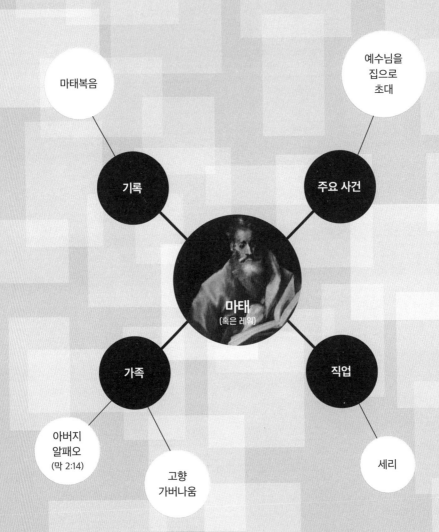

마태복음

예수님을
집으로
초대

기록

주요 사건

마태
(혹은 레위)

가족

직업

아버지
알패오
(막 2:14)

고향
가버나움

세리

○ 마 9:9-13

예수께서 그곳을 떠나 지나가시다가 마태라 하는 사람이 세관에 앉아 있는 것을 보시고 이르시되 나를 따르라 하시니 일어나 따르니라 예수께서 마태의 집에서 앉아 음식을 잡수실 때에 많은 세리와 죄인들이 와서 예수와 그의 제자들과 함께 앉았더니 바리새인들이 보고 그의 제자들에게 이르되 어찌하여 너희 선생은 세리와 죄인들과 함께 잡수시느냐 예수께서 들으시고 이르시되 건강한 자에게는 의사가 쓸 데 없고 병든 자에게라야 쓸 데 있느니라 너희는 가서 내가 긍휼을 원하고 제사를 원하지 아니하노라 하신 뜻이 무엇인지 배우라 나는 의인을 부르러 온 것이 아니요 죄인을 부르러 왔노라 하시니라

저는 마태에게 이러한 별명을 붙여 보려 합니다. '경멸을 존경으로 바꾼 사도.' 유대인들에게 있어서 세리와 창기는 사회적으로 가장 혹독한 경멸의 대상이었습니다. 창기는 이해가 가지만 어떻게 세리가 이런 경멸의 대상이 되었을까요? 이 부분은 뒤에서 설명해 보려 합니다.

신약성경을 펼쳤을 때 첫 번째로 나오는 책이 무엇입니까? 마태복음입니다. 이 마태복음의 기자가 바로 '마태'입니다. 마태는 세리였고, 성경을 기록한 사람이 되었습니다. 사회적 경멸을 받던 사람이 신약성경 첫 번째 책의 기자가 된 것입니다. 심지어 가톨릭이나 정교회에서는 '세인트 마태', '성자 마태'라고 부릅니다.

경멸을 존경으로 바꾼 사도, 마태. 그의 일생과 교훈을 잠시 추적해 보고자 합니다.

그의 이름과 직업

그의 직업은 세리였습니다. 마태복음은 마태 자신의 복음서인데, 그는 스스로의 이름을 '마태'라고 기록합니다. 이것은 굉장한 의미가 있습니다. 다른 복음서인 마가복음과 누가복음은 마태가 아닌 '레위'라고 기록하기 때문입니다.

> "또 지나가시다가 알패오의 아들 레위가 세관에 앉아 있는 것을 보시고 그에게 이르시되 나를 따르라 하시니 일어나 따르니라"(막 2:14).

누가복음 5장 27절 이하 역시 '레위'라고 되어 있습니다. 그런데 마태는 마태복음에서 자신의 이름을 레위가 아닌 마태라고 기록했습니다. 여기에는 어떤 의미가 있는 것일까요? 저는 아마 레위가 본명이었을 거라고 생각합니다. 레위 하면 생각나는 것이 있습니다. 무엇입니까? 구약의 '레위 지파'입니다. 어쩌면 이 사람은 레위 지파의 후손이었을지도 모릅니다. 레위 지파는 제사장이 되는 지파였습니다. 그렇기 때문에 제사장의 가문에서 태어나 제사장이 되는 수업을 받았던 사람이었을 것이라는 생각이 듭니다. 아마도 그의 아버지는 자식의 이름을 레위라고 지으면서, "너는 꼭 우리 조상 같은 훌륭한 제사장이 되어라! 레위 지파의 명예를 빛내어라!"라고 했을 것입니다.

제 큰아들의 이름은 '이황'입니다. 그 이름을 지을 때 제겐 이런 생각이 있었습니다. 우리 조상인 '이황' 선생의 명예를 우리 큰아들이 잘 빛내 주었으면 좋겠다고 말입니다. 저는 '진성 이씨'라는 아주 특이한 본인데, 조상이 퇴계 이황 선생이십니다. 저라는 사람이 다시 보이지 않습니까? 저는 단순히 조상의 명예가 아니라, 날마다(日) 빛(光) 되신 주님을 바라보고 살았으면 좋겠다는 기대가 있어서 이름을 황(晃)이라고 지었습니다. 물론 퇴계 이황 선생처럼 공부를 많이 하는 사람이 되었으면 좋겠다는 생각을 하기도 했습니다.

마태도 아마 이런 이유로 이름을 레위라고 지었을 것입니다. 그렇지만 그는 제사장 수업을 받는 중에 열심히 공부하다가 어떤 변화를 경험했을 거라고 생각합니다. 그런데 세리가 되는 것도 쉬운 일은 아니었을 것입니다. 세리가 되려면 우선 계산을 잘해야 합니다. 돈을 다루니 계산을 잘해야 하고, 장부 정리도 마찬가지였을 것입니다. 제사장 수업이 그런 면에 있어서는 그에게 무척 유리했을 거라는 생각이 듭니다. 어쨌든 그는 제사장이 되는 것도 좋지만 세리의 길을 가겠다는, 어쩌면 실리적인 선택을 한 것이 아닐까 싶습니다. 동족들에게는 대단한 미움을 받는 직업이었지만, 당시는 로마가 세계를 지배했기에 세리가 되어 로마 정부와 결탁하면 주머니에 들어오는 것이 적지 않을 것이라는 실리적인 계산 때문에 세리라는 인생을 선택했을 가능성이 있습니다.

세리가 창기와 함께 사회적으로 가장 지탄받는 대상이 되었던 두 가지 이유 중 하나가 바로 이것입니다. 세리는 로마 정부의 녹을 먹기 때문에, 유대인들의 편에서 볼 때 그들은 매국노입니다. 그들은 친로마적인 인생의 길을 걸을 수밖에 없었기 때문에, 유대인들의 입장에서는 그들을 압제하는 압제자 편에 선 것으로 보일 수 있습니다. 과거에 친일파 논쟁이 한국 땅에 치열했고 또 그들이 매국노로 배척을 받았던 것처럼, 세리는 더 경원시되었을 가능성이 있습니다.

또 다른 이유로, 당시 세리들은 민중을 대단히 착취하는 경향을 보였습니다. 성경을 보면 세리 마태는 가버나움 출신입니다. 지금도 성지 순례를 가 보면 가버나움 입구에 '예수님의 마을'(Town of Jesus)이라는 팻말이 붙어 있는데, 예루살렘에서부터 여행을 시작한다면 이스라엘의 수도인 예루살렘에서 북쪽으로 올라가 가버나움을 거쳐 갈릴리 바다를 통과해 시리아의 다마스쿠스에 도달하게 되고, 반대로 시리아로부터 예루살렘을 향해 남쪽으로 내려올 때에도 반드시 가버나움을 통과하게 됩니다. 무슨 말입니까? 무역 행상들이 그 길을 지나려면 반드시 세관을 통과해야 했다는 것입니다. 바로 그 세관에서 마태가 세리의 일을 담당했을 것이고, 또 세금을 많이 부과해야 개인적으로 돈을 가질 수 있기 때문에 백성에게 많은 세금을 부과함으로써 인근 주민의 원성을 받았을 것은 짐작하고도 남습니다.

전해지는 기록에 의하면, 당시 악한 세리들은 개인에 따라 최고 12퍼센트까지도 세금을 매겼다고 합니다. 또 세관 검사를 하는 도중 밀수품을 찾기 위해 긴 꼬챙이나 막대기 같은 것을 가지고 사람들을 무척이나 비웃는 표정으로 짐들을 쿡쿡 찔러 보는 일을 했기에, 민중에게 대단한 혐오감을 일으키는 대상이 바로 당시의 세리들이었다고 합니다. 요약하자면, 당시 그들은 일종의 사회적인 혐오의 대상, 지금으로 말하자면 사회적인 바이러스의 역할을 하는 사람들이었던 것입니다.

이러한 이유로 세리의 증언은 법정에서 신뢰할 만한 증언으로 채택되지 못했습니다. 믿을 수 없는 사람들이었습니다. 거짓말하고 사기 치는 사람들이었습니다. 그래서 유대인들은 회당에 창기와 함께 세리의 출입을 금했습니다. 이것이 바로 그 당시 세리와 창기의 사회적, 종교적인 위치였습니다.

그의 회심과 변화

외견상으로 보면 그는 어느 날 갑자기 예수님을 만나 급격한 결단을 통해서 예수님을 따르기 시작한 제자라는 인상을 다분히 받습니다. 왜냐하면 성경은 마태가 예수님을 따라 나선 경위를 간단하게 기록하기 때문입니다. 그러나 여기서 주목할 것이 있습니다. 마태가 가버나움 출신이었다는 사실입니다. 여기에는 어떤 의미가 있습니까? 예수님의 제자들 대부분이 바로 가버나움 출신이었습니다. 바꿔 말하면, 그는 아마도 예수님의 다른 제자들을 알고 있었을 것입니다. 베드로도 요한도 그는 다 알고 있었을 것입니다. 그리고 예수님을 만나 그들의 인생이 변화된 이야기를 숱하게 들었을 것입니다. 물론 그들은 어부였고, 마태는 세리였습니다. 그러나 동네에서 예수를 만나 그의 제자가 되어 변화된 인생을 살아가는 사람들의 이야기를 마태는 아마도 지속적으로 들어 왔을 것입니다.

그러던 어느 날, 마태가 예수님을 만났습니다. 돈 때문에 실리적인 인생을 선택해서 세리라는 직업을 가졌지만, 자기 동족들에게 천시 받고 스스로의 양심에 가책을 느끼면서 마음속에 늘 이러한 생각들이 지배하지 않았을까 싶습니다. '계속 이렇게 살 수는 없잖아. 나도 변해야지. 내 남은 인생을 사람들의 지탄과 조롱을 받으며 살아갈 수는 없잖아!' 그런 그가 예수님을 만난 것입니다. 예수님이 "나를 따르라"라고 하신 순간, 그의 마음속에 있던 깊은 변화에 대한 열망이 그로 하여금 예수님을 따라가는 결단을 가능하게 만들지 않았을까 생각합니다.

제가 강조하고 싶은 것은, 그의 결단이 급격했던 것은 사실이지만, 급격한 결단의 배후에는 오랜 시간의 고뇌와 생각, 또 주변 사람들의 영향이 있었을 거라는 것입니다. 주변 이웃들에게 전도할 때 당장은 응답하지 않습니다. 당장은 받아들이지 않습니다. 그러나 계속해서 복음을 전했을 때, 어느 날 어떤 것을 계기로 그들이 예수 그리스도를 영접하고 주님 앞에 나오는 모습들을 기대할 수 있는 것과 마찬가지입니다.

예수님을 따르기로 결심한 그날, 마태는 재미있는 일을 행합니다. 그날 잔치를 연 것입니다. 제자들이 열어 주었던 잔치라기보다는 아마도 스스로 연 잔치였을 것으로 보입니다. 그리고 이 잔치에 예수님을 초청합니다.

"예수께서 마태의 집에서 앉아 음식을 잡수실 때에 많은 세리와 죄인들이 와서 예수와 그의 제자들과 함께 앉았더니"(마 9:10).

자기 삶의 구세주와 주님으로 영접하고 주인으로 고백하게 된 예수님을 자기 집에 모시게 된 것입니다. 그리고 동료 세리들이 왔습니다. 세리들이 오니까 따라오는 계급이 또 하나 있습니다. 성경은 그들을 '죄인들'

이라고 기록합니다. 세리와 비슷한 취급을 받던 사람들이 예수님에 대한 호기심을 가지고 나아왔던 것으로 보입니다. 그 모습을 보고 바리새인들이 한 질문을 던집니다.

"어찌하여 너희 선생은 세리와 죄인들과 함께 잡수시느냐"(마 9:11).

이에 대한 예수님의 대답은 무엇입니까?

"예수께서 들으시고 이르시되 건강한 자에게는 의사가 쓸 데 없고 병든 자에게라야 쓸 데 있느니라"(마 9:12).

바로 이 유명한 말씀이 마태의 집에서 열린 잔치에서 선포되었다는 것을 잊지 말아야 합니다.

이렇게 잔치가 열렸습니다. 이 잔치의 의미는 무엇일까요? 저는 우선 이 잔치가 공개적이고 공식적인 마태의 제자 선언식이라고 생각합니다. 이제 예수님의 제자가 되었다는 것을 모든 동네 사람들에게 알리면서 구체적으로 선포하는 의식 말입니다. 하지만 저는 이러한 동기도 있었을 거라고 생각합니다. 다른 세리들도 예수님을 만났으면 좋겠다는 마음으로 초청한 자리였을 거라는 생각 말입니다. 저는 가장 효과적인 전도의 상황은 식사 자리라고 생각합니다. 누군가를 전도하고 싶다면, 일단 함께 식사하십시오. 사람은 다 먹는 것에 약하도록 되어 있습니다.

저는 이 잔치에 또 하나의 의미를 부여하고 싶습니다. 이 자리는 회심의 자축 파티였을 뿐만 아니라, 옛 생활을 작별하는 이별식도 되었을 거라고 말입니다. '나는 그 옛날과 이제는 작별을 선언한다!' 얼마나 아름다운 잔치입니까! 우리가 전도한 사람들이 예수님을 믿게 되면 잔치를 열어 주어야 합니다. 파티를 열어 주어야 합니다. 마음껏 기뻐하면서 축하한다고 하십시오. 그러면 그 사람도 배워서 다음에 또 잔치를 열게 될 것입니다. 그러면 우리는 잔치하다가 하늘나라의 잔치 석상으로 가게 될 것입니다.

그리스도인의 인생은 잔치 인생입니다. 저는 모든 교회가 잔칫집이 되기를 바랍니다.

그의 사역

그가 한 일 중 가장 위대한 사역은 무엇입니까? 바로 마태복음을 기록한 것입니다. 마태는 태어나서 마태복음 하나 기록한 것으로 인생의 역할과 임무를 모두 수행했다고 할 수 있습니다. 그 영향력 있는 책! 성경을 읽고 싶어 하는 사람들이 신약성경을 펼치자마자 제일 먼저 대하는 책을 써서 하나님 나라에 드렸던 사람, 그가 바로 사도 마태였습니다.

저는 하나님이 마태로 하여금 마태복음을 기록하게 하신 데에도 굉장한 의미가 있다고 생각합니다. '마태'라는 이름은 '하나님의 선물'이라는 뜻입니다. 그리고 마태는 스스로를 칭할 때 레위가 아니라 마태라고 기록했습니다. 다른 사람들은 옛날의 습관대로 레위라고 불렀을지 모르지만, 자신은 이제 하나님의 선물로 새로 태어난 인생이라는 간증입니다. 그래서 마태는 새 이름이었을 것입니다.

하나님은 그에게 그가 살아온 인생의 길에서 축적했던 모든 경험, 재능 또는 그에게 주신 은사들을 효율적으로 사용하는 미션을 맡기셨습니다. 저는 그것이 마태복음의 기록이었다고 생각합니다. 앞에서도 말했듯이, 그는 제사장 교육을 받았을 가능성이 있습니다. 또 세리로서의 교육도 받았을 것입니다. 늘 장부와 문서를 정리하던 사람이었습니다. 하나님은 그로 하여금 돈을 계산하던 펜으로 자기의 인생을 변화시켜 주신 주님을 증언하는 내용을 기록하게 하셨습니다. 저는 이것이 하나님의 놀라운 섭리라고 생각합니다.

하나님의 성령의 붙잡힘을 받아 마태복음을 기록할 때, 그는 아마 감동과 감격으로 부들부들 떨었을 것입니다.

"아브라함과 다윗의 자손 예수 그리스도의 계보라"(마 1:1).

마태 자신이 바로 그 아브라함과 다윗의 후손이었습니다.

또 마태복음은 유대인을 대상으로 기록된 복음서입니다. 자신과 같은 유대인들에게 예수 그리스도의 복음을 설명하면서 그리스도가 소망이심을 증언하는 그 첫 번째 페이지를 기록하기 시작했을 때의 마음이 어땠을까요? 감격에 겨워 기록했을 마태의 표정이 눈앞에 그려지는 듯합니다. 그래서 마태는 자기를 경멸하고 비웃던 동족들에게 오히려 예수 그리스도를 증거하고 전하는 전도자로 변신한 것입니다. 그는 잔치 석상에서의 식사 전도와 함께 붓을 들어 복음을 전하는 문서 전도를 시작하면서, 그리스도를 전파하고 전도하는 인생을 새롭게 시작했습니다.

교회의 전승에 따르면, 그는 주로 이스라엘 땅에 머물며 복음을 전했습니다. 아마도 자기 동족 이스라엘 유대인들에게 전도하는 것을 사명으로 여겼던 것 같습니다. 하지만 그의 인생 말년에는 에티오피아에까지 가서 복음을 전한 것으로 기록되어 있습니다. 그리고 에티오피아에서 돌아오는 길에 창을 맞아 순교한 것으로 그의 생애의 마지막 모습이 전해지고 있습니다.

그의 교훈

이제는 그가 남긴 교훈을 생각해 보려 합니다. 마태가 예수 그리스도의 제자로 한평생을 살면서 남긴 교훈은 도대체 무엇일까요?

● 희생적인 결단

예수님이 그를 만나 처음으로 주셨던 메시지가 무엇입니까? "나를 따르라!" 그리고 마태의 반응을 성경은 어떻게 기록합니까? "일어나 따르니라." 우리는 이것을 너무나도 쉬운 결단이라고 생각할 수 있습니다. 그러나 누가복음에 기록된 내용을 마태복음의 기사와 비교해 보십시오.

"그 후에 예수께서 나가사 레위라 하는 세리가 세관에 앉아 있는 것을 보시고 나를 따르라 하시니 그가 모든 것을 버리고 일어나 따르니라"(눅 5:27-28).

예수님을 '모든 것을 버리고' 따랐다고 했습니다. 이것이 중요합니다. 지금까지 세리 마태가 많은 사람들의 경멸을 받으면서도 결코 놓을 수 없었던 것, 계속해서 집착하고 꿈꾸었던 것, 낮에도 밤에도 위해서 일했던 그것이 무엇입니까? 돈입니다. 그런데 그 돈을 버리기 시작했습니다. 이는 결코 쉬운 일이 아닙니다. 주님이 얼마나 존귀하신 분인지를 깨달은 그는 돈을 위해 사는 인생이 아니라 주님을 위해 사는 인생, 자신을 바꾸고 변화시켜 주신 그리스도를 위해 살아가는 새로운 인생을 살기 시작한 것입니다.

● 그의 전인적인 변화

그는 완전히 변화되었습니다. 여기서 변화란, 과거에 했던 일을 안 했다는 정도가 아닙니다. 예를 들어, 도둑이 도둑질을 그만두었다는 것은 아직 불완전한 변화입니다. 도둑질을 그만두었다는 것은 언제 또다시 시작할지 모른다는 것입니다. 그는 도둑질을 잠시 중단하고 있을 따름입니다. 그것은 완전한 변화가 아닙니다. 하지만 도둑질하던 그 손으로 다른 사람을 섬기고 구제하기 시작했다면, 그는 더 이상 도둑이 아니며 완전한 변화가 일어난 것입니다. 그래서 에베소서에서는 도둑질하는 사람에게 도둑질하지 말고 구제하라고 말합니다.

마태가 그의 손으로 복음을 기록하는 펜을 들고 하나님 앞에 쓰임 받는 장면을 보십시오. 이것은 전인적인 변화입니다. 경멸받던 사람이 존경을 받는 사람이 되었습니다.

● 은사적인 헌신의 삶

그는 자신의 은사를 가지고 하나님 나라를 위해 재능을 바쳐 헌신했습니다. 그와 같은 삶을 살았던 사람이 있는데, 그 유명한 무디의 동역자인 생키(Sankey)라는 찬양 사역자입니다. 이분은 본래 세무사였습니다. 한때 그는 세무국의 최고 책임자, 곧 세무서장 정도 되는 높은 자리에 있었습니다. 그런데 이분이 찬양을 좋아했습니다. 뿐만 아니라 그가 찬양을 부르면 사람들이 감동을 받았습니다. 그는 16세에 회심했지만 그렇고 그런 그리스도인으로 30세까지 살았습니다. 그러던 어느 날, 그의 목소리를 들은 무디가 찬양을 인도하는 그의 모습을 보고는 이런 말을 던집니다. "그동안 어디에 있었습니까? 나는 지난 18년 동안 당신 같은 사람을 기다리며 찾고 있었습니다." 그날부터 생키는 무디 목사님의 그림자처럼 그가 복음을 전하는 전 유럽을 순회하며 계속해서 찬양 사역으로 헌신하고 쓰임을 받았습니다. 만일 그가 헌신하지 않았더라면 어떻게 되었을까요?

무디에게 생키가 있었다면, 빌리 그레이엄에게는 조지 베벌리 쉐아(George Beverly Shea)라는 분이 있었습니다. 이분은 방송국에서 일하는 바리톤 가수였습니다. 그는 생키와 마찬가지로 그렇고 그런 그리스도인이었습니다. 그러던 어느 날, 빌리 그레이엄을 만났습니다. 그에게 어떤 매력을 느꼈지만 아직 아무런 결단도 하지 못하고 있었습니다. 조지 베벌리 쉐아의 어머니는 자기 아들이 복음을 위해 헌신하는 모습을 보고

싫었습니다. 그래서 한 친구에게서 받은 노래 가사를 조지 베벌리 쉐아의 피아노 위에 올려놓았습니다. 그 가사를 읽던 그는 울컥하는 감동을 느꼈습니다. 그 가사는 이렇게 시작되었습니다.

"주 예수보다 더 귀한 것은 없네
이 세상 제물 이 세상 생명
그 무엇과도 바꿀 수가 없네
…
나는 이 세상 무엇보다도 예수님을 갖고 싶네"

가사에 감동받은 그는 마침내 방송국에 사표를 내고 예수 그리스도의 복음을 전하는 빌리 그레이엄의 동역자가 되기 위해 헌신했습니다. 그리고 그 가사에 멜로디를 붙여 아름다운 찬송을 만들었습니다. 그것이 바로 우리가 즐겨 부르는 찬송, 〈주 예수보다 더 귀한 것은 없네〉(새찬송가 94장)입니다. 그는 백발을 휘날리며 빌리 그레이엄이 전도하는 곳마다 함께했습니다. 설교에 앞서 바리톤 저음의 매력적인 목소리로 찬양을 부르면서 사람들의 마음을 열어 예수 그리스도를 영접하는 일에 104세가 되도록 쓰임을 받았습니다. 그가 만약 헌신하지 못했더라면 어떻게 되었을까요?

수년 전 암스테르담에서 세계 전도자 대회가 열렸습니다. 그 자리에서 빌리 그레이엄은 조지 베벌리 쉐아를 자기 평생의 동역자라고 소개했습니다. 모든 사람들이 일어나 끝없이 박수를 쳤습니다. 그의 평생의 사역에 대한 감사의 의미로 박수를 쳤더니, 그분이 진정을 시키면서 이런 유명한 말을 남겼습니다. "나는 이 박수보다도 예수님을 더 갖고 싶습니다!"

우리 시대는 또 한 명의 마태를, 또 한 명의 생키를, 또 한 명의 조지 베벌리 쉐아를 기다리고 있습니다. 만약 우리가 우리 인생을 주 앞에 드릴 준비가 되어 있다면, 마태를 쓰신 주님이 우리 또한 쓰실 거라 믿습니다.

마태(Matthew, '하나님의 선물'이라는 뜻)

- 레위라고도 불림(막 2:14; 눅 5:27)
- 가버나움의 세리였음(눅 5:27)
- "나를 따르라"는 예수의 말을 듣고 따름(마 9:9)
- 큰 잔치를 마련해 예수를 자신의 집으로 초대함(눅 5:29)
- <마태복음>을 기록
- 아프리카로 가서 선교, 에티오피아에서 순교한 것으로 전해짐

10

진정한 열정으로
인도된 사도

시몬

● 인물 마인드맵 _ **시몬**

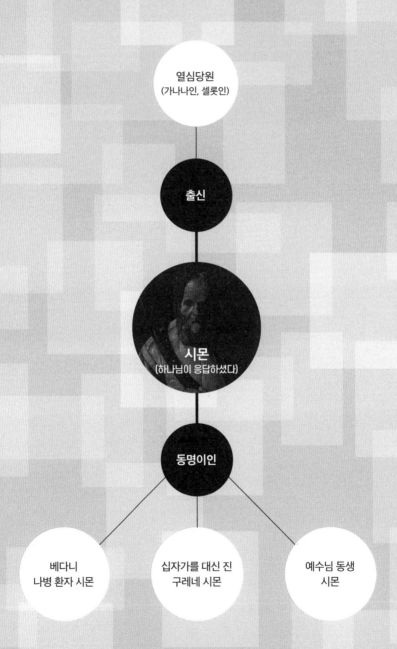

열심당원
(가나나인, 셀롯인)

출신

시몬
(하나님이 응답하셨다)

동명이인

베다니
나병 환자 시몬

십자가를 대신 진
구레네 시몬

예수님 동생
시몬

○ 행 1:6-8

그들이 모였을 때에 예수께 여쭈어 이르되 주께서 이스라엘 나라를 회복하심이 이때니이까 하니 이르시되 때와 시기는 아버지께서 자기의 권한에 두셨으니 너희가 알 바 아니요 오직 성령이 너희에게 임하시면 너희가 권능을 받고 예루살렘과 온 유대와 사마리아와 땅 끝까지 이르러 내 증인이 되리라 하시니라

이제 시몬이라는 제자에 대해 생각해 보겠습니다. 이 제자에게 별명을 붙인다면, '진정한 열정으로 인도된 사도'라 할 수 있겠습니다. 시몬은 열두 제자의 명단이 기록된 마태복음이나 마가복음, 누가복음 또는 사도행전 1장을 제외하고는 단 한 번도 성경에 나타나지 않습니다. 설명할 자료가 없기 때문에 충분한 상상력이 필요합니다. 그래서 이 장의 내용은 픽션일 가능성이 상당히 많습니다. 상상력을 동원한 픽션으로 이 제자에 대해 추적해 보겠습니다.

그의 배경

우선 그의 이름을 언급하고 있는 제자의 명단 속에서 이 사람을 어떻게 표기하고 있는지 살펴보겠습니다.

"가나나인 시몬 및 가룟 유다 곧 예수를 판 자라"(마 10:4).

'가나나인 시몬'이라고 되어 있습니다. 마가복음 3장 18절에도 동일하게 '가나나인'이라고 기록되어 있습니다. 그러나 누가복음에는 그에 대한 조금 다른 설명이 나타납니다.

> "마태와 도마와 알패오의 아들 야고보와 셀롯이라는 시몬과"(눅 6:15).

누가복음에서는 그를 '셀롯이라는 시몬'이라고 소개합니다. 셀롯은 영어로 'zeal', 곧 '열심'이라는 뜻입니다. 그래서 이 사람을 '열심당원'이라고 말합니다. 최근에 어떤 번역본은 '열혈당원'이라고 번역하기도 했습니다. 여기까지가 시몬이라는 제자에 대해 성경이 언급한 전부입니다. 그러니까 나머지는 픽션으로 시작해야 합니다. 이 두 소재를 근거로 해서 말입니다.

먼저, '가나나인 시몬'이란 무슨 뜻일까요? 개역한글 성경에는 '가나안인 시몬'이라고 되어 있습니다. 그렇다면 혹시 이 사람의 조상이 가나안 원주민이었던 것일까요? 아니면 가나안하고 비슷한 지명인 '가나'와 관련이 있는 것일까요? 혹시 갈릴리 가나 출신이 아닐까 추정할 수도 있지만, 오늘날 성경학자들은 '가나나인'이 오역이라고 생각합니다.

그렇다면 왜 이런 번역이 나왔을까요? '가나나인'의 '가나나'가 지명을 의미할 수도 있지만, 히브리어에서 '카나'라는 말은 '열심이 있는'이라는 뜻입니다. 그렇다면 결국 이 사람에 대한 설명은 하나로 요약될 수 있습니다. 그래서 한국 표준어 번역이라든지 최근에 나온 번역에서는 '가나나인 시몬' 대신 '셀롯인' 혹은 '열심당원 시몬'으로 번역을 통일하고 있습니다. 그러니 '가나나인'으로 표기한 것은 같은 발음에서 나온 오역이라 생각하고, 이 사람을 예수님의 열두 제자 명단에서 소개할 때 성경은 단순히 '열심당원'으로만 소개하고 있다고 생각하면 되겠습니다.

그렇다면 '열심당원'이라는 것은 이 사람에 관해서 어떤 정보를 제시하고 있습니까? 유대인 역사가 가운데 요세푸스(Flavius Josephus)라는 유명한 역사가가 있는데, 그는 예수님 당시의 유대인들에게는 가장 중요한 그룹으로 네 개의 파벌이 있었다고 기록합니다.

네 개의 그룹 중 첫째는 바리새인으로, 이들은 율법에 관심이 많았던 그룹입니다. 율법을 지키고, 관리하고, 해석하고, 하나님의 율법 토라를 수호하는 일에 매우 열정을 가졌던 사람들입니다. 이들은 종교적인 일종의 근본주의자들이었습니다. 율법을 잘 지키는 일에 매우 관심이 많았습니다. 그러나 정치적으로는 상당히 무관심했습니다. 로마 사람들이 자신들을 직접적으로 괴롭히지 않는 한 그들과 싸우려 하지 않았습니다. 그래서 정치적으로는 타협적이거나 매우 도피적인 태도를 취하고 있었고, 종교적으로는 매우 근본주의적인 하나님의 율법에만 몰두하고 열심을 냈습니다.

두 번째 그룹은 사두개인으로, 예수님 당시 유대인들 가운데 영향력을 끼치던 중요한 그룹입니다. 이들은 당시 성전을 지키던 제사장 계급에 속한 사람들로서, 종교적으로는 자유주의자들이었습니다. 자유주의자들은 성경을 문자 그대로 믿지 않고 멋대로 해석하던 사람들입니다. 특별히 성경의 기적 같은 것을 부인했습니다. 복음서에도 보면 '부활을 믿지 않는 사람들'로 사두개인들이 등장하는 것을 볼 수 있습니다. 이들은 바리새인과는 정반대입니다. 종교적으로 바리새인은 율법의 문자 일점일

획을 그대로 믿었습니다. 그러나 사두개인은 성경을 문자 그대로 믿지 않았습니다. 안 믿는다고 하진 않았지만 적당히 자기 마음대로 해석하면서 기적을 부인했던 사람들입니다. 정치적으로는 친로마주의자였습니다. 그래서 이들은 대부분 상류 계급에 속했습니다. 로마에 붙어서 기득권을 누리던 계급이 당시의 사두개인이었습니다.

세 번째 그룹은, 성경에는 나오지 않지만 성경 이외의 문서에는 매우 다양하게 기록되는 파벌입니다. 이 그룹을 가리켜 에세네(Essenes)파라고 불렀습니다. 이들은 일종의 금욕주의자들로서, 매사에 경건을 추구했고, 욕심을 절제하며 살았습니다. 그리고 메시아에게만 소망을 두면서 메시아의 오심을 대망하고 있었습니다. 몇몇 학자들은 세례(침례) 요한이 바로 에세네파 출신이었을 거라고 생각하기도 합니다. 광야에서 약대 털옷을 입고 메시아를 기다리던 에세네파의 한 지도자였을 거라고 생각합니다. 이들은 사회적으로 격리되어 광야로 나가 일종의 공동체를 이루었는데, 소위 쿰란 공동체에서 '사해 문서'라는 유명한 문서가 발견되기도 했습니다.

마지막인 네 번째 그룹은 열심당원입니다. 열심당원은 철저한 반로마주의자들이었습니다. 로마 사람들을 아주 싫어했습니다. 그래서 무력 투쟁을 통해서라도 민족이 회복되어야 한다고 굳게 믿었던 일종의 공격적 애국자들이었습니다. 이들은 로마에 세금 내는 것을 거부했으며, 극단의 폭력과 테러를 통해 로마인들 혹은 친로마적인 유대인들을 살인하는 일에 가담했습니다. 열심당원 안에는 시가릿(Sicarii)이라는 파가 있었는데, 이들은 시퍼런 단검을 주머니에 넣고 다니다가 로마 사람들이나 로마에 관련하는 사람들을 만나면 얘기하는 척하다가 찌르고 도망가는 일들을 예사로 했었다고 합니다. 이것이 바로 열심당원의 모습입니다.

로마의 압제를 받으니 로마에 저항하는 것이 당연하지 않느냐고 반문할지 모르겠습니다. 하지만 로마가 전 세계를 지배하고 있을 당시 로마는 식민지 하나하나를 그렇게 폭력적으로 지배하지 않았습니다. 로마는 식민지에 상당한 자유를 주었습니다. 그러다 보니 로마와 적당하게 타협하며 상당한 자유를 누리던 보통의 평범한 유대인들은 유독 이 열심당원들 때문에 로마와의 유대 관계가 곤란해진다고 생각해 열심당원들을 매우 싫어했습니다.

이런 극단적인 열심당원들의 로마인들을 향한 폭력적인 대결과 증오는 마침내 유대의 파멸을 가져오는 결정적 원인이 됩니다. 웬만하면 그대로 놓아 둘 텐데, 이런 열심당원들의 활동 때문에 그대로 둘 수 없다고 판단한 로마는 디도(티투스) 황제 시절에 드디어 유대를 점령하게 됩니다. 그리고 성전을 돌 하나 남기지 않고 예수님이 예언하신 그대로 파멸해서 끝장을 냅니다.

시몬이라는 제자가 바로 이 열심당원 출신이었습니다.

그의 제자 됨의 의미

그가 예수님의 제자가 되었다는 것에는 어떤 의미가 담겨 있습니까? 저는 그의 제자 됨을 생각하면서 제자들의 명단을 들여다볼 때마다 예수님이 얼마나 가슴이 넓은 스승이었는가를 생각합니다. 예수님의 열두 제자 가운데는 열심당원이 시몬 말고도 더 있었던 것 같습니다. 몇몇 학자들은 다대오 유다나 가룟 유다 또한 열심당원이었을 것이라고 생각합니다. 물론 이 생각에 반대하는 학자들도 있습니다. 어쨌든 이런 열심당원들이 있었는가 하면, 예수님의 제자들 가운데는 열심당원들이 가장 싫어하는 부류의 사람도 있었습니다. 어떤 사람입니까? 로마에 빌붙어서 먹고사는 세리입니다. 예수님의 제자 가운데 세리는 마태였습니다. 예수님의 제자 가운데 세리도 있고 열심당원도 있었다는 것은 놀라운 일이 아닐 수 없습니다. 열심당원 출신은 세리만 보면 어떻게 할까요? 이를 갈 것입니다. 품안에 칼이 있었다면 마태는 아마 생명의 위협을 느꼈을지도 모릅니다.

두 그룹의 관계의 역학을 한번 생각해 보십시오. 예수님이 이런 정반대의 삶을 살던 두 사람을 똑같이 당신의 제자로 삼아 주셨습니다! 그리고 예수님이 이 세상을 떠나기 직전 다락방의 유명한 강화를 통해 열두 제자를 앞에 놓고 말씀하시기를, "너희들은 서로 사랑하라! 그러면 사람들이 너희가 내 제자인 줄 알리라!"라고 하셨습니다. 이것은 엄청난 도전입니다. 저 같으면 이런 두 사람을 제자로 함께 모아 놓고 속 썩일 일을 만들지 않았을 것입니다. 이런 정반대의 사람들을 제자로 삼으셨다는 것 자체가 그분이 얼마나 넉넉한 가슴을 가진 스승이었는가를 알게 해 주는 놀라운 사실이라고 생각합니다.

오늘날 우리 사회는 이념의 양극화로 몸살을 앓고 있습니다. 오늘날 세상은 교회를 향해, 이 극단의 이념으로 찢어진 사람들을 어머니의 가습, 예수님의 가슴으로 품을 수 있느냐는 숙제를 던지고 있습니다.

두 극단의 무리가 함께 예수님의 제자가 되었다는 특별한 의미를 기억하면서 시몬의 회심을 생각해 보겠습니다.

그의 회심

그는 어떻게 예수님의 제자가 되었을까요? 정답은 잘 모르겠습니다. 그 이유는 성경에 전혀 기록되어 있지 않기 때문입니다. 하지만 매우 흥미 있는 또 하나의 사실이 있습니다.

"가나나인 시몬 및 가룟 유다 곧 예수를 판 자라"(마 10:4).

저는 이 순서가 우연이 아니라고 생각합니다. 제자들 가운데도 친한 사람끼리 묶어 놓은 짝이 있었기 때문입니다.

"열두 사도의 이름은 이러하니 베드로라 하는 시몬을 비롯하여 그의 형제 안드레와 세베대의 아들 야고보와 그의 형제 요한, 빌립과 바돌로매, 도마와 세리 마태, 알패오의 아들 야고보와 다대오,"(마 10:2-3).

이 기록은 아마도 제자들의 친한 짝을 중심으로 배열한 것 같습니다. 그냥 기록한 것이 아니라 그들이 그룹을 이룬 모습을 따라서 기록한 것이 아닌가 하는 생각이 듭니다. 그렇다면 시몬과 제일 친한 친구는 누구였을까요? '유다'입니다. 그렇다면 유다가 예수님을 팔 때 시몬이 가담하지는 않았을까요? 당신의 생각은 어떻습니까?

앞서 다른 제자들을 살펴볼 때 제자들을 세 그룹으로 나눈 것에 대해 소개한 적이 있습니다. 첫 번째 그룹은 '베드로, 안드레, 야고보, 요한'이고, 두 번째 그룹은 '빌립, 나다나엘(바돌로매), 도마, 마태', 세 번째 그룹은 '작은 야고보, 다대오 유다, 시몬, 가룟 유다'입니다. 그렇다면 아주 재미있는 역학 관계를 추정해 볼 수 있습니다. 특별히 유다도 열심당원 출신이었다면, 시몬과 유다가 친구가 된 이유를 짐작하는 일은 어렵지 않습니다. 과거가 같았으니 두 사람은 아마 자연스럽게 어울렸을 것입니다. 그래서 짝이 되었을 가능성이 있습니다.

하지만 분명한 사실은 이것입니다. 가룟 유다는 끝까지 그리스도인이 되지는 않았습니다. 그는 거듭나지 못했습니다. 예수님은 그가 거듭났다는 증거를 전혀 보여 주지 않으셨습니다. 즉, 예수님의 무리 속에 끼어는 들었지만, 요즘말로 하면 교회는 나왔지만 거듭나지 못한, 그리스도인이 아닌 사람인 것입니다. 그러나 시몬은 변했습니다. 같은 짝이었지만 시몬은 끝까지 예수님의 제자로 남았습니다. 유다와 동조하거나 가담하지도 않았습니다. 유다가 자신을 속이고 자신의 욕망을 정당화하면서 살아갈 때, 시몬은 다른 길의 인생을 선택한 것입니다.

예수님이 전도를 위해 제자들을 파송하셨을 때, 짝이 되어 함께 다녔던 두 사람은 현장에서의 반응도 아마 매우 달랐을 것입니다. 제자들이 돌아와 자신들이 겪은 일을 예수님에게 보고합니다. "선생님! 우리는 귀신이 하늘에서 떨어지는 것을 보았습니다!" "예수님의 이름으로 귀신이 쫓겨났습니다!" "예수님의 이름으로 병자들이 고침을 받았습니다!" 놀라운 보고가 이어집니다. 이때 시몬은 일련의 체험들을 통해서 자신을 포함한 제자들을 파송하신 예수님이 살아 계신 메시아가 확실하다고 믿은 후에 잠자코 주님을 따랐을 것입니다. 그리고 자기의 친한 친구 유다가 예수님을 배신할 때도 거기에 동조하지 않고 그리스도를 신뢰하는 제자로 머물러 있었을 것입니다.

그의 변화

앞에서 유추한 것처럼 그가 그렇게 예수님을 믿고 그리스도의 제자로 머물러 인생을 살아갈 수 있었다면, 그는 어떻게 변화되었을까요? 그는 열심당원의 배경을 가지고 있었기 때문에 자기 민족에 대한 열정이나 열심을 포기하는 것이 그렇게 쉬운 일은 아니었을 것입니다. 사람이 예수를 믿어도 자신의 과거를 극복하는 일이 하루아침에 일어나지는 않습니다. 우리 모두에게는 예수 믿기 전의 배경이나 흔적이 상당히 남아 있습니다.

과거를 완전히 극복하는 사람이 있는가 하면, 더러는 과거를 완전하게 극복하지 못해 초기 신앙의 형태를 가지고 있다가 과거로 다시 되돌아가는 사람들을 종종 볼 수 있는 것이 우리의 현실입니다. 시몬도 민족주의자로서 자기 나라에 대한 애정을 포기하는 것은 결코 쉬운 일이 아니었을 것입니다. 그러나 우리는 그가 예수 그리스도를 믿고 따라가면서 점차 민족에 대한 열정을 하나님 나라에 대한 열정으로 변화시켜 갔을 것이라고 추정할 수 있습니다. 추정할 수 있는 근거 중에 하나가 바로 이 장의 본문입니다. 물론 본문인 사도행전 1장 6-8절에는 시몬이라는 이름이 등장하지 않습니다.

"그들이 모였을 때에 예수께 여쭈어 이르되 주께서 이스라엘 나라를 회복하심이 이때니이까 하니"(행 1:6).

이는 예수님이 부활하고 승천하시기 전 이 땅에 40일 동안 계실 때의 일입니다. 예수님의 부활이라는 믿을 수 없는 놀라운 사건을 경험한 제자들 가운데는 당연히 이런 기대를 갖는 사람이 있었을 것입니다. '다시 살아나신 저분의 권능을 보니, 지금 로마에 의해 압제된 우리 민족을 해방시킬 수 있는 힘을 가지신 게 틀림없어.' 그래서 한 제자가 이런 질문을 던집니다. "이스라엘 나라를 회복하심이 바로 이때입니까?" 성경학자들은 질문한 제자가 시몬이었을 것이라고 추측합니다. 저 또한 그럴 가능성이 있다고 생각합니다. 이런 질문은 자기 민족에 대한 의식과 집착을 가진 사람이라야 할 수 있기 때문입니다. 이때 예수님의 대답이 흥미롭습니다.

"이르시되 때와 시기는 아버지께서 자기의 권한에 두셨으니 너희가 알 바 아니요"(행 1:7).

이스라엘 민족의 회복의 때, 그것은 하나님의 경륜과 계획 가운데 있다는 것입니다. 이보다는 제자들이 먼저 관심을 가져야 할 더 중요한 일이 있었습니다. 이어지는 말씀을 보십시오.

"오직 성령이 너희에게 임하시면 너희가 권능을 받고 예루살렘과 온 유대와 사마리아와 땅 끝까지 이르러 내 증인이 되리라 하시니라"(행 1:8).

다시 말하면, 복음을 전하라는 것입니다. 그것이 하나님 나라를 이 땅에서 실현하는 길이기 때문입니다.

"그가 고난 받으신 후에 또한 그들에게 확실한 많은 증거로 친히 살아 계심을 나타내사 사십 일 동안 그들에게 보이시며 하나님 나라의 일을 말씀하시니라"(행 1:3).

부활하신 예수님이 하나님 나라의 일을 한참 이야기하는데, 한 제자는 아직도 하나님 나라는 생각하지 못하고 자신의 나라만 생각합니다. 우리 그리스도인들 가운데도 '협소한 애국자'들이 있습니다. 자기 나라를 위하는 것은 좋은 일입니다. 그러나 이 세상이 시끄럽고 소란스러운 이유는 자기 나라만 중요한 줄 알고 남의 나라는 중요한 줄 모르기 때문입니다. 하나님 나라는 우리나라에만 이루어질 나라가 아닙니다. 우리나라도 하나님 나라의 한 부분이지만, 이웃 나라도 하나님 나라의 한 부분입니다. 하나님은 하나님 나라의 비전이 온 세상, 온 민족과 열방들 가운데 이루어지기를 소원하십니다.

선교사들과 선교학자들은 선교의 가장 중요한 장애물이 민족주의라고 말합니다. 혹은 이것을 '자민족 중심주의'라고도 합니다. 내 민족만 중요하다고 생각하는 것입니다. 우리가 잘못된 민족주의를 수용하게 되면 항상 다른 민족이 소중하다는 것을 깨닫지 못하고 이 세계 모든 열방들 가운데 이루어질 하나님 나라와 하나님의 뜻을 보지 못할 가능성이 있습니다. 이는 잘못된 그리스도인의 모습이 아닐 수 없습니다.

시몬이 정말 주님의 말씀을 진지하게 경청하면서 그리스도의 제자 된 삶을 살아갔다면, 그는 점차 좁은 의미의 민족주의를 극복하고 넓은 의미의 하나님 나라 비전을 갖게 되었을 가능성이 큽니다. 더 나아가 세계를 하나님의 눈으로 바라보는 그리스도인으로 점차 변화되어 갔을 것이라고 추정해 볼 수 있습니다.

저는 우리 민족을 생각할 때, 아직도 남북 분단의 비극 속에서 그리스도인이 북한이라는 허리 잘린 국가를 어떻게 바라봐야 할까 생각하곤 합니다. 그리스도인이라면 이런 질문이 생길 수 있습니다. 저는 그럴 때마다 다시 이 질문을 던집니다. '예수님이라면 이 북한을 어떻게 하셨을까?' 세 가지는 분명한 것 같습니다.

첫째는, 남과 북의 화해의 정책이 추구되도록 그리스도인들이 기도해야 한다는 사실입니다. 세리 마태와 민족주의자인 시몬을 함께 포용할 수 있었던 예수님이라면 틀림없이 남과 북을 나누는 일에 동의하지 않으셨을 것입니다. 그분은 남과 북의 화해의 모델이 될 수 있는, 통합이 될 수 있는 분이십니다. 따라서 그리스도인들은 남과 북이 화해하도록 촉구하는 메신저가 되는 것이 타당하다고 생각합니다. 그러나 이것이 결코 우리가 북한의 유물론적 무신론을 수용하는 것으로 곡해되어서는 안 될 것입니다.

둘째는, 북한 주민에 대한 인도적인 지원이 끊임없이 지속돼야 한다는 것입니다. 적어도 그들은 생존에 관한 한 무관심할 수 없는 우리의 이웃이기 때문에 그렇습니다. 그들의 무기까지 지원할 수는 없지만, 투명성이 보장되는 한 우리는 그들을 향한 인도적 지원이 계속될 수 있도록 후원하고 기도해야 할 것입니다.

가장 중요한 셋째는, 복음 전도가 북한 땅에서 자유롭게 될 수 있도록 그러한 환경과 정책 추진을 위해 기도해야 한다는 것입니다. 왜냐하면 우리는 북녘 땅의 진정한 희망이 복음이라고 믿기 때문입니다. 예수 그리스도를 신뢰하는 복음만이, 또 저들이 예수 그리스도를 구세주와 주님으로 영접하는 것만이 그 땅에 진정한 하나님의 평화와 샬롬을 가져다줄 것이라고 믿기 때문입니다.

그의 교훈

마지막으로 우리가 시몬이라는 제자를 통해서 받을 수 있는 교훈은 무엇일까요? 저는 그가 두 가지 중요한 교훈을 자신의 전 생애를 통해서 남겼다고 생각합니다.

● 열심히 사랑하는 일

모든 사람을 골고루 사랑하는 일, 때로는 나와 이념이 다른 사람까지도, 나와 기질이 다른 사람까지도 포용하고 사랑해야 할 중요성입니다. 주님이 마태와 시몬을 함께 사랑하신 것처럼 말입니다. 그래서 사도 베드로는 이렇게 말했습니다.

"무엇보다도 뜨겁게 서로 사랑할지니 사랑은 허다한 죄를 덮느니라"(벧전 4:8).

그는 자신의 열정을 잘못된 민족주의를 넘어서서 이웃을 하나님의 형상을 지닌 동료 인간으로 사랑할 수 있는 사랑의 열정으로 승화시킬 필요가 있었을 것입니다.

● 열심히 전도하는 일

저는 시몬이 이러한 인생을 살았다고 생각합니다. 성경 이외의 문서들을 찾아보면, 시몬이라는 제자의 상징으로 물고기 모양이 많이 나옵니다. 물론 물고기는 초대 교회 당시 그리스도인들의 보편적인 상징입니다. 그러나 유독 시몬을 소개할 때 물고기가 같이 등장하는 이유는, 그가 누구보다도, 어떤 제자들보다도 전도하는 일에 열정을 가졌기 때문이 아니었을까 생각합니다.

전해지는 기록에 의하면, 그는 소아시아와 북아프리카에 가서 전도했으며, 이집트와 흑해 그리고 영국까지 진출해서 잠시 복음을 전한 적이 있다고 합니다. 그 후 그는 페르시아에서 전도하다가 그곳에서 톱으로 켜는 순교의 죽음을 맞았다고 선교 문서는 전해 주고 있습니다.

그는 예수님을 만난 이후 민족을 향한 자기 열정을 예수님을 전하고 예수님 안에서 인류를 사랑하는 일에 전 일생을 쏟아 부었던 제자로서의 삶을 살았습니다. 좁은 의미의 자기 민족을 벗어나서 모든 민족과 부족들을 사랑하며 그들 가운데 하나님의 사랑과 예수 그리스도의 복음을 전하기 위해 생애를 바쳤던 제자, 진정한 열정으로 인도되었던 사도 시몬을 기억해 주십시오.

시몬(Simon)

- 베드로(시몬)의 동명이인, 가나나인 시몬, 셀롯인이라고도 불림
- 열심당원으로 알려짐(눅 6:15; 행 1:13)
- 사도로서의 행적에 관한 기록은 없음
- 페르시아에서 전도하다 기둥에 거꾸로 매달려 톱으로 몸이 잘려 순교했다고 전해짐

작은, 그러나
꼭 필요했던 사도

∞●

작은 야고보

형제
요셉(요세)

아버지
알패오

어머니
마리아

가족

야고보
(작은 야고보)

동명이인

세베대의 아들
야고보

예수님 동생
야고보

○ **마 10:2-4**

열두 사도의 이름은 이러하니 베드로라 하는 시몬을 비롯하여 그의 형제 안드레와 세베대의 아들 야고보와 그의 형제 요한, 빌립과 바돌로매, 도마와 세리 마태, 알패오의 아들 야고보와 다대오, 가나나인 시몬 및 가룟 유다 곧 예수를 판 자라

○ **막 15:40**

멀리서 바라보는 여자들도 있었는데 그중에 막달라 마리아와 또 작은 야고보와 요세의 어머니 마리아와 또 살로메가 있었으니

열두 제자의 명단을 보면 두 명의 야고보가 있습니다. 세베대의 아들 야고보와 알패오의 아들 야고보가 그들입니다. 세베대의 아들 야고보는 앞선 장에서 이미 살폈습니다. 이 장에서는 알패오의 아들 야고보에 대해 생각해 보겠습니다.

"멀리서 바라보는 여자들도 있었는데 그중에 막달라 마리아와 또 작은 야고보와 요세의 어머니 마리아와 또 살로메가 있었으니"(막 15:40).

이 말씀에서는 야고보를 '작은 야고보'라고 표기했습니다. 이 말씀에 따라 이 제자의 별명을 '작은, 그러나 꼭 필요했던 사도'라고 붙여 보려 합니다.

그의 기록

저는 한국 교회 지도자에 의해 작사되고 작곡된 찬송을 좋아합니다. 그중에서 한국 교회 성도들에게 가장 많이 사랑받고 영향을 끼친 대표적인 찬송가가 있다면 〈부름 받아 나선 이 몸〉(새찬송가 323장)이 아닐까 생각합니다. 외국인들이 작사하고 작곡한 찬송도 우리에게 큰 은혜가 되지만, 한국인들이 작사하고 작곡한 찬송에는 특별한 정서적 터치가 있는 것을 경험합니다. 같은 한국인의 가슴, 한국인의 영성에서 지어진 찬송이 우리에게 특별한 의미로 다가오는 것을 느끼게 됩니다.

〈부름 받아 나선 이 몸〉의 3절 마지막 부분을 보면 우리가 잘 기억하는 이런 가사가 있습니다.

"이름 없이 빛도 없이 감사하며 섬기리다."

열두 제자 가운데 정말 이름 없이 빛도 없이 감사하며 섬겼던 제자가 있습니다. 그가 바로 알패오의 아들 야고보입니다. 이름은 있었지만 그 이름이 사람들에게 별로 기억되지 못한, 또 인정되지 못했다는 의미에서 이름이 없었던 제자라고 할 수 있습니다. 그러나 그는 감사하며 주님을 섬겼습니다. 그가 빠져 버리면 열두 제자, 곧 사도의 팀이 완성될 수 없는, 꼭 필요했던, 너무나 존귀하고 아름다웠던 제자입니다.

그렇다면 성경은 그를 어떻게 이야기합니까? 사실 처음 언급했던 마태복음 10장과 마가복음 15장에 나오는 두 구절이 이 제자에 대한 모든 정보를 내포하고 있습니다. 그 외에는 성경의 기록만으로는 알 수 없습니다. 성경을 통해 찾을 수 있는 정보는 네 가지입니다. 첫째는, 그의 이름이 '야고보'라는 것입니다. 둘째는, 아버지의 이름이 '알패오'라는 것입니다. 셋째는, 어머니의 이름이 '마리아'라는 것입니다. 그리고 넷째는, 그의 별명이 '작은 야고보'라는 것입니다.

그런데 '작은 야고보'를 이해하는 데 있어 한 가지 문제가 있습니다. 성경에 '야고보'가 많이 나온다는 것입니다. 그래서 이 야고보가 어떤 야고보냐는 물음이 제기됩니다. 저는 이 문제를 해결하기 위해 먼저 그와는 다른 야고보에 대해 살펴보고자 합니다.

그의 이름

성경에는 여러 명의 야고보가 등장합니다. 너무 많다 보니 자꾸 혼동이 됩니다. 저는 이 야고보가 누구냐를 말하기에 앞서, 이 야고보가 어떤 이가 아닌가를 규명함으로써 그가 어떤 야고보인가를 우리의 기억 속에 분명히 각인시켰으면 좋겠습니다. 이것은 약간 복잡한 작업이지만, 이렇게 머릿속에 정리해 놔야 성경을 읽거나 공부할 때 혼동을 피할 수 있을 것입니다.

● 세베대의 아들 야고보

복음서를 보면 예수님과 가장 많이 동행한 세 제자가 있었던 것을 볼 수 있습니다. 누구입니까? 베드로와 야고보와 요한입니다. 이들이 제자들 가운데서 예수님에게 가장 가까웠던 대표적인 세 제자라고 할 수 있습니다. 그런데 이 중에 하나였던 야고보는 세베대의 아들 야고보입니다. 그 야고보에 관해서는 앞선 장에서 이미 성찰한 바 있습니다.

● 예수님의 동생 야고보

"주의 형제 야고보 외에 다른 사도들을 보지 못하였노라"(갈 1:19).

주님이신 예수님의 형제들 가운데 '야고보'라는 이름을 가진 동생이 있었습니다. 우리가 잘 아는 대로, 주님의 형제였던 야고보는 마리아와 요셉의 아들입니다. 물론 예수님은 성령으로 잉태되셨으니 예수님과 완전한 의미에서의 형제라고는 할 수 없을지도 모릅니다. 그러나 같은 어머니의 배에서 태어났고 또 같은 아버지 아래서 양육되었기 때문에 예수님의 동생이라 말해도 무방합니다.

저는 예수님의 형제였던 야고보가 예루살렘교회의 대표적인 지도자였을 거라고 생각합니다. 그리고 신약성경에 포함되어 있는 야고보서의 기자도 바로 예수님의 동생인 야고보였을 거라고 생각합니다.

이 두 명의 야고보를 다시 구분해서 정리하겠습니다. 사도행전을 보면 사도들 가운데 최초의 순교자가 나옵니다. 그 순교자 또한 야고보였습니다. 그는 어떤 야고보였을까요?

"그때에 헤롯 왕이 손을 들어 교회 중에서 몇 사람을 해하려 하여 요한의 형제 야고보를 칼로 죽이니"(행 12:1-2).

세베대에게는 두 명의 아들이 있었습니다. 요한과 야고보인데, 위의 말씀은 요한의 형제 야고보를 칼로 죽였다고 기록하고 있습니다. 그러므로 순교한 야고보는 세베대의 아들인 야고보입니다. 그런데 아래의 말씀을 보십시오.

"베드로가 그들에게 손짓하여 조용하게 하고 주께서 자기를 이끌어 옥에서 나오게 하던 일을 말하고 또 야고보와 형제들에게 이 말을 전하라 하고 떠나 다른 곳으로 가니라"(행 12:17).

베드로가 감옥에서 나오자마자 자신이 감옥에서 나왔다는 소식을 야고보에게 알리라고 말합니다. 그런데 앞에서 살펴본 것처럼, 요한의 형제인 야고보는 2절에서 죽었다고 했습니다. 그렇다면 베드로가 말한 야고보는 어떤 야고보일까요? 아마도 그는 예수님의 동생 야고보였을 것입니다. 그리고 이후에 '예루살렘 종교 회의'에서 발언한 야고보도 예수님의 동생 야고보였을 것입니다.

예수님의 동생인 야고보에 관해서 알아야 할 몇 가지 사실이 있습니다. 복음서를 보면 예수님의 형제들에 대한 이미지가 긍정적으로 나오지 않습니다. 그들은 예수님의 사역을 이해하지 못하고, 오히려 예수님의 사역에 걸림돌이 되는 존재처럼 등장합니다. 그런데 어째서 이 야고보만은 예외였을까요? 어떤 특별한 사건을 계기로 그의 일생에 변화가 일어났던 것일까요?

> "그 후에 예수께서 갈릴리에서 다니시고 유대에서 다니려 아니하심은 유대인들이 죽이려 함이러라 유대인의 명절인 초막절이 가까운지라 그 형제들이 예수께 이르되 당신이 행하는 일을 제자들도 보게 여기를 떠나 유대로 가소서 스스로 나타나기를 구하면서 묻혀서 일하는 사람이 없나니 이 일을 행하려 하거든 자신을 세상에 나타내소서 하니 이는 그 형제들까지도 예수를 믿지 아니함이러라"(요 7:1-5).

"당신이 정말 메시아거든 밤낮 숨어서만 다니지 말고 공개적으로 등장해서 '내가 메시아요!'라고 선포하시죠." 성경은 이렇게 비꼬는 듯한 발언을 하고 있는 예수님의 형제들의 모습을 조명하면서, 요한복음의 기자인 요한은 결론적으로 그 형제들까지도 예수를 믿지 않았다고 말합니다. 이 형제들 가운데 누구도 포함되어 있었을까요? 야고보도 당연히 포함되어 있었을 것입니다. 그렇다면 그는 언제 변했을까요? 성경학자들은 야고보의 일생의 터닝 포인트가 된 중요한 순간이 이때가 아니었을까 추정합니다. 고린도전서 15장을 보십시오. 고린도전서 15장은 '부활의 장'이라고 불리는 아주 유명한 장입니다.

> "장사 지낸 바 되셨다가 성경대로 사흘 만에 다시 살아나사 게바에게 보이시고 후에 열두 제자에게와 그 후에 오백여 형제에게 일시에 보이셨나니 그중에 지금까지 대다수는 살아 있고 어떤 사람은 잠들었으며 그 후에 야고보에게 보이셨으며 그 후에 모든 사도

에게와"(고전 15:4-7).

부활하신 주님이 자신을 드러내어 나타내 보여 주실 때, 특별히 누구에게 자신을 보여 주셨다고 기록하고 있습니까? 야고보입니다. 그는 아마 이때 결정적으로 예수님이 메시아라는 사실을 깨닫고 돌이켰을 것입니다. 이때가 바로 야고보 생애의 새로운 순간이 아니었을까요?

정리하면, 우리가 살펴볼 야고보는 어떤 야고보가 아닙니까? 그는 세배대의 아들 야고보가 아닙니다. 예수님의 동생 야고보도 아닙니다. 그는 제삼의 야고보입니다. 성경은 그를 '알패오의 아들 야고보'라고 말합니다. 이제는 '작은 야고보', 곧 '알패오의 아들 야고보'에 대해 살펴보겠습니다.

그의 가족적인 배경

● 아버지, 알패오

먼저는 그의 아버지에 대해 알아보겠습니다. 물론 성경에는 별다른 기록이 없습니다. 이 아버지가 어떤 아버지였는지 우리는 알 길이 없습니다. 그런데 중요한 것은, 예수님의 제자 가운데 알패오의 아들이 또 한 명 있었다는 사실입니다. 이것이 우리를 또다시 혼동시킵니다.

"또 지나가시다가 알패오의 아들 레위가 세관에 앉아 있는 것을 보시고 그에게 이르시되 나를 따르라 하시니 일어나 따르니라"(막 2:14).

앞의 말씀에 등장하는 알패오의 아들은 누구입니까? 레위입니다. 레위는 다른 말로 마태입니다. 마태의 본명이 레위였을 거라는 것을 앞선 장에서 살펴봤습니다. 만일 이 사람이 같은 알패오라면, 우리는 야고보와 마태가 형제라는 사실을 가정할 수 있습니다. 이것을 결론 내리지는 않겠습니다. 그럴 수 있다는 것만을 가정하겠습니다. 다만, 형제였을 가능성이 전혀 무리한 추측은 아니라는 것을 말하고 싶습니다.

예수님의 제자들 중에는 여러 형제가 있었습니다. 베드로와 안드레가 형제였고, 요한과 야고보가 형제였습니다. 그렇다면 마태와 야고보도 형제일 수 있습니다. 그런데 이들이 형제라면, 이는 굉장히 흥미로운 상황이 아닐 수 없습니다. 왜 그렇습니까?

복음서의 기자들은 예수님의 제자 명단을 작성할 때 알패오의 아들 야고보는 늘 시몬과 다대오 유다 그리고 가룟 유다와 함께 짝을 이루도록 기록했습니다. 이들은 당시 열심당원이거나 열심당원에게 영향을 받은 일종의 민족주의자들이었습니다. 그렇다면 마태는 어떻습니까? 마태의 직업은 세리였습니다. 세리는 친로마적인 입장을 취하며 로마의 녹을 먹는 사람이었습니다. 로마에 편승해서 생계를 유지하던 사람들이었습니다. 야고보가 만약 열심당원들과 가까이하는 사람이었다면, 이 형제는 전혀 다른 정치적인 인생의 길을 걸어가고 있었다고 가정할 수 있습니다. 형제들이 정치적으로 한 사람은 친로마적인, 다른 한 사람은 반로마적인 인생의 길을 걸어가다가 어느 날 예수님을 만나 함께 예수님의 제자가 되었다면, 이것은 매우 흥미로운 사건이 아닐 수 없습니다. 충분히 그럴 수 있는 가정이 아닙니까?

● 어머니, 마리아

이제는 어머니를 중심으로 생각해 보겠습니다. 서두에서 살폈듯이, 야고보의 어머니 이름은 마리아입니다. 그런데 문제는 '야고보'라는 이름처럼 '마리아'라는 이름 또한 많다는 것입니다. 한두 사람이 아닙니다.

우선 마가복음 15장 40절을 보십시오. 예수님이 십자가에 달리시는 순간, 그 장면을 바라보는 일단의 여자들이 있었습니다. 어떻게 시작됩니까?

"멀리서 바라보는 여자들도 있었는데."

멀리서 바라보고 있었지만, 저는 이 여자들이 참 용기 있었다고 생각합니다. 왜냐하면 그 당시 남자들은 모두 도망을 갔기 때문입니다. 하지만 여자들은 멀리서라도 바라보고 있었습니다. 그런데 그중에 누가 있었습니까?

"그중에 막달라 마리아와 또 작은 야고보와 요세의 어머니 마리아와 또 살로메가 있었으니"(막 15:40).

십자가 주변의 여인들로 막달라 마리아와 야고보와 요세의 어머니였던 마리아가 나옵니다. 여기에서만 벌써 마리아가 두 명입니다. 그리고 살로메라는 여인이 나옵니다. 성경은 이 세 여인이 멀리서 십자가에 달리시는 예수님을 바라보고 있었다고 증언합니다. 그런데 이 구절과 반드시 비교해야 할 또 하나의 구절이 있습니다. 같은 광경을 요한복음의 기자인 요한은 이렇게 묘사합니다.

"예수의 십자가 곁에는 그 어머니와 이모와 글로바의 아내 마리아와 막달라 마리아가 섰는지라"(요 19:25).

요한복음에 따르면, 멀리서 바라보는 여인들 중에는 예수님의 어머니와 이모도 있었습니다. 그런데 이 부분은 우리말 번역처럼 '이모와 글로바의 아내 마리아'라고도 읽을 수 있지만, '이모, 즉 글로바의 아내 마리아'라고도 읽을 수 있습니다. 그렇다면 이 글로바의 아내 마리아는 누구입니까? 앞서 살펴본 마가복음의 '야고보와 요세의 어머니 마리아'가 여기서는 빠졌습니다. 그렇다면 이 마리아가 저 마리아, 다시 말하면 글로바의 아내 마리아가 아닐까요? 몇몇 학자들은 이 글로바가 알패오의 별명이라고 추정하기도 합니다. 만일 이것이 사실이라면 더 흥미로운 추측이 가능해집니다. 글로바의 아내는 예수님의 이모라고 했습니다. 만일 그녀가 알패오의 아내 마리아라면 알패오의 아들 야고보는 예수님과 이종 사촌 관계가 됩니다. 물론 단언할 수는 없습니다. 하지만 그렇게 추측할 수도 있다는 것입니다.

또 하나, 알패오의 아들 야고보에게 형제가 있다고 했습니다. 그 형제가 누구입니까? '요세', 마태복음에서는 '요셉'이라고 했습니다. 요세와 요셉은 동일 인물입니다. 그런데 그의 형제 요세를 빼놓지 않는 것을 보면 요세도 아주 신실한 제자였던 것으로 보입니다. 그리고 그의 어머니는 예수님의 어머니와 함께 십자가까지 와서 예수님의 마지막 죽음을 목격하며 그 자리에 동참했습니다. 경건한 신앙의 어머니라는 경건한 가정을 배경으로 알패오의 아들 야고보라는 사람의 신앙이 만들어지고 있었다는 사실을 추측할 수 있는 것입니다.

그의 별명의 의미

그의 별명이 무엇이라고 했습니까? '작은 야고보'입니다. 헬라어로는 '미크로' 혹은 '마이크로'(Micro)입니다. 왜 이 사람에게 작은 야고보라는 별명이 붙여진 것일까요? 몇 가지 가능성이 있습니다. 우선 가장 중요한 이유는, 예수님의 제자들 가운데 똑같은 이름을 가진 제자가 있었기 때문입니다. 혼동을 피하기 위한 구별의 의도로 이 별명이 붙여졌을 것이라 추측할 수 있습니다.

그렇다면 왜 '작은'이란 단어가 붙은 걸까요? 확실히 이야기할 순 없지만, 첫째는 키가 작거나 크다는 의미였을 가능성이 있습니다. 그런데 만약 키 때문에 작은 야고보라는 별명이 주어졌다면, 세베대의 아들 야고보는 '큰 야고보'라고 했어야 할 텐데, 꼭 그러지는 않았습니다. 따라서 키와 관련된 이유일 수도 있지만, 그렇지 않을 수도 있습니다. 둘째는, 나이가 어렸기 때문이라고 볼 수도 있습니다. 세베대의 아들 야고보와 비교했을 때 나이가 어렸기 때문에 '작은 야고보'라고 했을 가능성입니다. 하지만 세베대의 아들 야고보에 대해서는 '늙은 야고보'라 해야 하는데 그러지는 않았습니다.

그렇다면 왜 '작은'이라는 표현이 붙여졌을까요? 학자들이 추측하는 가장 중요한 이유는 이것입니다. 세베대의 아들 야고보보다는 영향력이 훨씬 작은 사람이었다는 것, 즉 두드러진 제자가 아니었다는 것입니다. 세베대의 아들 야고보보다는 덜 유명했고, 후배였기 때문에 주변 사람들에 의해서 '작은 야고보'로 불리지 않았을까 추측되기도 합니다. 만일 이런 이유로 '작은'이라는 별명이 붙여졌다면, 이 사람은 그러한 별명을 감수하면서 조용히 자기 자리를 지켜 온 제자로, 또한 예수님을 신실하게 따랐던 제자로 한평생을 살았다는 것을 짐작해 볼 수 있습니다.

그의 삶과 죽음

역사가 유세비우스는 알패오의 아들 야고보에 대해 이런 기록을 남겼습니다. "그는 아주 말수가 적은 기도하는 제자였다." 어쩌면 말수가 적었기 때문에 성경에 두드러진 기록이 나오지 않았을 수도 있습니다. 어쩌면 다른 제자들이 떠들고 있을 때 그는 기도하고 있었을지도 모릅니다. 그러나 그는 여전히 하나님 나라에서는 소중한 제자였습니다.

유세비우스에 의하면, 그는 마침내 시리아로 진출해서 전도하다가 다시 예루살렘으로 돌아와 그곳에서 순교했다고, 혹은 애굽에서 순교했다고 전해집니다. 하지만 순교한 것은 확실한데, 어디에서 어떻게 순교했느냐에 대해서는 의견이 두 가지로 갈립니다. 한 부류의 사람들은 그가 돌에 맞아 죽었다고 기록합니다. 그러나 또 한 부류의 사람들은 그가 톱에 잘려 죽임을 당했다고 기록합니다. 그래서 그 후로는 톱이 작은 야고보를 상징하는 그림으로 전승되었습니다.

결론적으로 말하면, 그가 다른 제자들에 비해 두드러지지 않은, 영향력이 작은 제자였던 것은 분명합니다. 그렇다고 이 사람을 중요하지 않은 제자라고 말해서는 안 됩니다. 그는 여전히 하나님 나라의 소중한 제자요, 필요한 제자입니다. 열두 사도 가운데서 결코 빠질 수 없는 이름이 바로 이 작은 야고보입니다.

저는 그가 오케스트라의 제2바이올린 주자 같은 사람이었을 것이라고 생각합니다. 지휘자가 오케스트라를 편성할 때 제1바이올린 주자를 모집하는 일에는 전혀 어려움을 느끼지 않는다고 합니다. 사람들은 저마다 제1바이올린 주자가 되어 자기를 드러내고 싶어 하기 때문입니다. 하지만 이인자가 되는 것은 정말 어려운 일입니다. 두 번째 바이올린 주자로 자원할 사람이 어디 있겠습니까. 그러나 이 사람이 빠진다면 오케스트라의 심포니는 결코 하나의 아름다운 작품이 될 수 없습니다.

한 번은 LA에 갔을 때 어바인의 한 교회에서 섬기시는 70세 된 목사님 한 분을 만났습니다. '이주연' 목사님입니다. 이름을 듣고, "목사님! 이름이 참 재미있네요!"라고 했더니 당신의 이름과 관련된 인생의 소명에 대한 간증을 나누어 주셨습니다. 이분은 본래 산호세에 있는 큰 교회에서 행정 목사로 평생을 사역했던 분입니다. 은퇴한 후로는 다시 LA 쪽으로 와서 70세의 고령에도 불구하고 자그마한 교회에서 담임목사님을 도우며 열심히 섬기고 계십니다.

이분이 이런 이야기를 했습니다. "저는 이름이 주연인데 한 번도 주연을 해 본 적이 없습니다. 항상 조연이었습니다. 그렇지만 저는, 주님이 저에게 주연이 될 사람들을 섬기는 조연의 사명을 주신 것으로 알고 평생 이 사명을 즐겁게 감당했습니다." 70세의 나이에 백발을 휘날리며 젊은 담임목사님과 함께 심방을 하고 성도들을 돌아보는 그 모습이 저에게 얼마나 깊은 감동을 주었는지 모릅니다. 그래서 제가 이렇게 말했습니다.

"목사님! 하나님 나라에 가면 그 이름을 되찾으실 거예요. 하나님 나라에서는 목사님이 반드시 주연일 거예요."

미국에 있을 때 저는 워싱턴 D.C. 근교에서 사역했습니다. 그 당시 손님들이 찾아오면 꼭 가야 하는 관광 코스가 있었는데, 바로 알링턴 국립묘지입니다. 저만 그랬던 것이 아니라, 미국을 방문하는 국빈들도 반드시 알링턴 국립묘지를 찾았습니다. 그런 그곳에는 발걸음을 멈춰야 하는 한 곳이 있습니다. 그곳은 위대한 장군의 무덤이 아닙니다. 대통령의 무덤도 아닙니다. 그곳은 한 무명용사의 무덤입니다. 이름도 없는 무덤에 헌화를 하는 것으로 국빈들의 방문이 시작됩니다. 그렇습니다. 사람들은 이 세상에 살 때 이름이 널리 알려진 장군들을 스타라고 추대할지 모릅니다. 그러나 전쟁은 이름 없는 많은 작은 영웅들 때문에 비로소 승리할 수 있는 것입니다.

저는 하나님 나라도 마찬가지라고 생각합니다. 하나님 나라의 진정한 영웅은 누구일까요? 세상에 살 때 이름이 많이 알려진 사람들은 아닐 것입니다. 저는 그것이 천국의 경이로움, 서프라이즈가 될 거라고 생각합니다.

저는 조심스럽지만 확신하는 게 하나 있습니다. 천국에 가면 저는 아무런 상급을 받지 못할 수도 있다는 것입니다. 이 세상에서 너무나 많은 사랑을 받았고, 너무나 많은 박수와 인정을 받았기 때문입니다. 하지만 저의 기쁨은 이런 기쁨이 될 것입니다. 이름 없이 빛도 없이 주님을 섬겨 왔던 많은 교인들이 주님 앞에서 상급과 칭찬과 영광을 누릴 때, 저는 뒤에서 기쁨을 누리는 그 광경을 바라보는 기쁨으로 충만할 것입니다.

이름도 없고 빛도 없었던, 그러나 꼭 필요했던 사도 야고보. 이 작은 야고보의 걸음을 따라가는 제자들은 어디에 있습니까?

작은 야고보(James)

- '알패오의 아들 야고보'라고도 불림
- 갈릴리 출생
- 어머니는 마리아(막 15:40)
- 작다는 표현은 '키가 작다' 또는 '어리다'는 의미로 세베대의 아들 야고보와 구별하는 용도로 사용됨
- 블레셋과 애굽에서 선교하다 애굽에서 순교한 것으로 전해짐

12

의심 많은
사도
◦●
도마

*

● 인물 마인드맵 _ **도마**

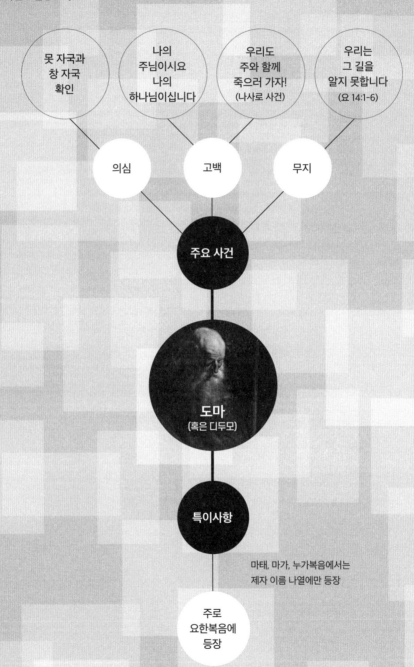

못 자국과
창 자국
확인

나의
주님이시요
나의
하나님이십니다

우리도
주와 함께
죽으러 가자!
(나사로 사건)

우리는
그 길을
알지 못합니다
(요 14:1-6)

의심

고백

무지

주요 사건

도마
(혹은 디두모)

특이사항

마태, 마가, 누가복음에서는
제자 이름 나열에만 등장

주로
요한복음에
등장

○ 요 20:24-29

열두 제자 중의 하나로서 디두모라 불리는 도마는 예수께서 오셨을 때에 함께 있지 아니한지라 다른 제자들이 그에게 이르되 우리가 주를 보았노라 하니 도마가 이르되 내가 그의 손의 못 자국을 보며 내 손가락을 그 못 자국에 넣으며 내 손을 그 옆구리에 넣어 보지 않고는 믿지 아니하겠노라 하니라 여드레를 지나서 제자들이 다시 집 안에 있을 때에 도마도 함께 있고 문들이 닫혔는데 예수께서 오사 가운데 서서 이르시되 너희에게 평강이 있을지어다 하시고 도마에게 이르시되 네 손가락을 이리 내밀어 내 손을 보고 네 손을 내밀어 내 옆구리에 넣어 보라 그리하여 믿음 없는 자가 되지 말고 믿는 자가 되라 도마가 대답하여 이르되 나의 주님이시요 나의 하나님이시니이다 예수께서 이르시되 너는 나를 본 고로 믿느냐 보지 못하고 믿는 자들은 복되도다 하시니라

도마에게 붙여진 가장 대표적인 별명이 있다면 '의심 많은 사도'일 것입니다. 그러나 이것은 조금 부정적으로, 소극적으로 붙여진 명칭이라 할 수 있습니다. 이를 좀 더 적극적으로 표현하면 '의심이 많았던 제자'가 아니라 '질문이 많았던 제자'라고 표현할 수 있습니다. 여기서 질문은 결코 나쁜 것이 아닙니다. 우리는 질문을 통해 해답을 얻을 수 있습니다. 그렇기 때문에 도마라는 제자에게 너무 부정적으로, 회의적으로만 접근하는 것은 이 제자에 대한 올바르거나 정당한 평가가 아니라고 생각합니다. 질문을 통해 마침내 대답을 얻고, 하나님의 사역 앞에 자신을 드릴 수 있었던 헌신된 제자의 전형적인 모습이 바로 사도 도마였다고 할 수 있습니다.

그의 이름과 배경

우리는 이 사람이 두 가지 명칭으로 불렸다는 사실을 주목해 볼 필요가 있습니다.

"열두 제자 중의 하나로서 디두모라 불리는 도마는 예수께서 오셨을 때에 함께 있지 아니한지라"(요 20:24).

요한복음에도 이와 동일한 표현이 사용되고 있습니다.

"시몬 베드로와 디두모라 하는 도마와 갈릴리 가나 사람 나다나엘과 세베대의 아들들과 또 다른 제자 둘이 함께 있더니"(요 21:2).

'디두모'라 하는 '도마'라고 했습니다. 이를 통해 그가 때로는 '디두모'라고도 불렸던 것을 알 수 있습니다.

'디두모'라는 말은 본래 헬라어이고, '도마'라는 말은 아람어입니다. 아람어는 정확하게 말해서 시리아어입니다. 그 당시 팔레스타인에서는 아람어가 보편적으로 사용되고 있었습니다. 물론 로마의 정복을 경험하면서 지식인층은 헬라어를 쓰기도 했지만, 아람어가 토속적인 언어였다고 할 수 있습니다. 이는 마치 우리가 일본의 지배 아래 있을 때 한국의 많은 사람들이 우리말과 일본어를 섞어서 사용했던 것처럼, 아람어와 헬라어, 때로는 로마어 등의 언어들이 팔레스타인에서 매우 복합적으로 사용되었던 것을 볼 수 있습니다. 로마가 정복하기 이전부터 전 세계를 지배하고 있었던 당시의 가장 강력한 문화는 헬레니즘 문화, 곧 그리스의 문화였고, 그래서 헬라어가 보편적으로 쓰였습니다. 그에 반해 아람어는 토속적인 그 지역의 언어였다고 할 수 있습니다.

이러한 이유로 이 사람은 '디두모' 혹은 '도마'라고 불렸습니다. 그런데 그 뜻은 동일합니다. '쌍둥이'라는 뜻입니다. 왜 이름의 뜻이 쌍둥이였을까요? 아마도 이 사람은 쌍둥이였을 것으로 추정됩니다. 쌍둥이가 아니라면 이렇게 불릴 이유가 없습니다. 그렇다면 또 한 명의 쌍둥이, 다른 분신은 누구였을까요? 그것은 잘 모르겠습니다. 성경은 그에 대해 침묵을 지킵니다. 아마 또 한 사람은 예수님을 믿지 않았거나, 예수님의 제자가 아니었을 가능성이 있습니다. 그래서 이 한 사람만 예수님의 제자로서 사용되었을 것입니다.

쌍둥이의 특성 중에 하나가 무엇입니까? 쌍둥이를 기르는 부모들의 얘기를 들어 보면 굉장히 힘들어합니다. 둘이기 때문에 힘든 것이 아니라, 두 아이를 똑같이 대우해야 하기 때문에 힘든 것입니다. 두 아이에게 동일한 대우를 하지 못하게 되면 한쪽이 시기하거나 질투할 가능성이 많습니다. 아마도 이러한 성장 배경에서 쌍둥이로 자랐기 때문에, 때로는 의심도 많고 질문도 많은 성향을 가지게 되었을 가능성을 충분히 짐작해 볼 수 있습니다.

그의 기질과 성격

공관복음을 보면 열두 제자의 명단이 나옵니다. 그 명단 속에는 물론 도마도 포함되어 있습니다. 그러나 마태나 마가, 누가복음에는 도마의 이름이 열두 제자의 명단 속에 포함된 것을 제외하면 그의 행적이나 그의 말에 대해서는 일체의 기록이 나와 있지 않습니다. 도마의 행적, 도마의 말을 기록한 유일한 복음서가 있다면 그것은 요한복음입니다.

우리는 요한복음에서 도마의 사건을 가장 대표적으로 취급하고 있는 세 개의 본문을 발견하게 됩니다. 이 세 개의 자료를 통해서 도마가 어떤 제자였는지를 어느 정도 알 수 있습니다. 결론부터 말하자면, 도마는 기질상 아주 전형적이고 대표적인 우울질에 속하는 제자가 아니었을까 생각합니다. 그의 기질 속에는 비관적인 측면이 있었습니다. 그런가 하면 꼼꼼하고 섬세한 측면도 있었습니다. 동시에 완벽함을 추구하는 경향도 볼 수 있습니다. 확인해서 모든 것을 철저하게 수행하고자 하는, 대표적인 우울질 기질에 속하는 유형의 제자였다고 할 수 있습니다. 그렇다면 요한복음의 세 본문을 통해서 이 사람의 기질과 성격을 좀 더 만나 보도록 하겠습니다.

● **첫 번째 자료**

"디두모라고도 하는 도마가 다른 제자들에게 말하되 우리도 주와 함께 죽으러 가자 하니라"(요 11:16).

요한복음 11장은 나사로의 죽음과 부활의 사건을 취급하고 있는 기사입니다. 어느 날, 예수님에게 나사로의 누이들이 찾아와 나사로의 병이 위급에 처해 있다는 상황을 보고합니다. 그때 예수님은 바로 뛰어가서 도와주신 것이 아니라, '이 병은 죽음에 이르는 병이 아니라 하나님의 영광을 위한 것'이라는 알 것 같기도 하고 모를 것 같기도 한 매우 알쏭달쏭한 말씀으로 응답하십니다. 그러다 한참 후, 길을 가던 예수님이 갑자기 제자들에게 이렇게 말씀하십니다. "나사로가 잠들었도다." 이때 예수님은 무슨 뜻인지 깨우치지 못하는 제자들을 보고, "나사로가 죽었느니라!" 하며 나사로의 죽음을 다른 제자들에게 말씀하십니다.

바로 이때 도마가 등장합니다. 도마가 뜬금없이, "야! 우리도 함께 죽으러 가자!"고 말합니다. 도마의 말의 뉘앙스가 어떤 의미로 다가옵니까? 어떻게 생각하면 굉장히 용기 있는 발언 같기도 합니다. 나사로가 죽었다는 말을 듣고, "나사로가 죽었다면 주님이 사랑하셨던 제자, 또 우리에게 귀한 친구였던 그의 죽음을 방치할 수 없지 않은가!" 하며 "우리도 가서 함께 죽자!"라고 말했다는 의미로 해석할 수 있습니다. 그런가 하면 나사로의 병환에 대한 보고를 듣고도 예수님이 빨리 반응을 보이지 않고 이제 와서 죽었다고 발언하시니 약간은 좀 실망한 표정으로, 혹은 약간 빈정대고 싶은 마음을 담아서, "그래요? 그럼 우리도 가서 한번 죽지요!"라는 식으로 말했다고도 생각할 수 있습니다. 어떤 것이 맞을까요? 용기였을까요, 아니면 빈정대는 자조적인 발언이었을까요, 아니면 둘 다였을까요? 저는 아마 두 가지가 섞여 있을 가능성이 있다고 생각합니다. 도마의 그 이후의 행적, 곧 말년의 행적을 보면 그는 용기 있는 순교자로 주 앞에 섭니다. 그래서 그런 상당한 용기도 있었을 것이라고 생각합니다. 한편으로는 이 사람의 특이한 성격으로 미루어 볼 때 자조적인 의미를 담고 있는 발언이었을 가능성도 충분합니다.

어쨌든 이러한 여러 감정이 섞여 있는 반응을 보이던 도마의 모습을 볼 수 있습니다. 이것이 요한복음에서 만나는 제자 도마의 첫 번째 인상입니다.

● 두 번째 자료

"내가 어디로 가는지 그 길을 너희가 아느니라 도마가 이르되 주여 주께서 어디로 가시는지 우리가 알지 못하거늘 그 길을 어찌 알겠사옵나이까"(요 14:4-5).

요한복음 14장 1절은 이런 말로 시작됩니다. "너희는 마음에 근심하지 말라 하나님을 믿으니 또 나를 믿으라." 예수님은 왜 이런 말씀을 하셨을까요? 13장 마지막 부분을 보면 예수님이 제자들에게 어디론가 가야겠다는 말씀을 반복하고 계십니다. 이때 13장 36절에서 시몬 베드로의 유명한 말이 등장합니다. "쿠오바디스, 도미네." 이는 "주여, 어디로 가시나이까?"라는 말입니다. 이 물음에 대한 예수님의 대답은 무엇입니까? "내가 가는 곳에 네가 지금은 따라올 수 없으나 후에는 따라오리라"(요 13:36). 그리고 이어지는 구절을 보십시오.

"베드로가 이르되 주여 내가 지금은 어찌하여 따라갈 수 없나이까 주를 위하여 내 목숨을 버리겠나이다 예수께서 대답하시되 네가 나를 위하여 네 목숨을 버리겠느냐 내가 진실로 진실로 네게 이르노니 닭 울기 전에 네가 세 번 나를 부인하리라"(요 13:37-38).

이 말을 들은 베드로를 포함한 모든 제자들은, 주님은 어디론가 가실 것이고 어쩌면 그들의 신앙은 매우 흔들릴지 모른다는 생각을 하면서 깊은 근심 가운데 잠겨 있었을 것입니다. 그때 예수님의 말씀이 다시 들려옵니다. "너희는 마음에 근심하지 말라. 하나님을 믿으니 또 나를 믿으라!" 그러면서 "내 아버지의 집에 거할 곳이 많도다! 나는 거처를 준비하기 위해 어디론가 간다"고 말씀하십니다. 그리고 "내가 가는 그 길을 너희가 알게 될 것이다!"라고 말씀하십니다. 그러자 이 장면에서 도마가 다시 튀어 나옵니다. "주여, 어디로 가시는지 알아야 우리가 그 길을 따라갈 수 있지 않겠습니까? 어디로 가시는지 말씀해 주셔야 우리가 따라가지 않겠습니까?" 어떻게 느껴집니까? 다시 이 장면 속에 등장한 도마에 대해 어떤 인상을 받습니까? 무언가를 확인하고 싶은, 분명하게 하고 싶은, 우울질 특유의 확인 및 철저함을 요구하는 제자의 모습을 여기서도 확인할 수 있습니다.

어쩌면 정직한 질문일 수 있습니다. 한편으로는 매우 퉁명스러운 반응으로 들리기도 합니다. 어쩌면 영적인 통찰력이 결여되어, 이 시점에서 이런 반응밖에는 보이지 못했을지도 모릅니다. 무언가 불만스럽지만 자기의식 저변의 깊은 곳에서는 정답을 얻고 싶어 하는 어떤 꿈틀거림이 있었을 것입니다. 이런 것을 이 제자의 마음 깊은 곳에서 확인해 볼 수 있지 않겠습니까?

"열두 제자 중의 하나로서 디두모라 불리는 도마는 예수께서 오셨을 때에 함께 있지 아니한지라 다른 제자들이 그에게 이르되 우리가 주를 보았노라 하니 도마가 이르되 내가 그의 손의 못 자국을 보며 내 손가락을 그 못 자국에 넣으며 내 손을 그 옆구리에 넣어 보지 않고는 믿지 아니하겠노라 하니라"(요 20:24-25).

때는 부활 이후였습니다. 그러나 도마는 예수님이 부활 이후 제자들에게 처음 나타나시는 그 현장에 있지 않았습니다. 다른 사람을 통해서 소식을 들었을 뿐입니다. 그 소식을 듣자마자 그가 보여 주었던 반응이 위의 구절에 기록되어 있습니다. "내 눈으로 못 자국을 보고 내 손을 그 옆구리에 넣어 보지 않고는 절대로 믿을 수 없어!" 바로 이 사건 때문에 도마에게 '의심 많은 사도'라는 별명이 붙여진 것입니다. 그러나 또 다른 관점에서 본다면 무엇입니까? 그는 부활의 현장을 확인하고 싶은 것입니다. 그러한 욕구를 그의 마음에서 읽을 수 있지 않습니까? 어떤 면에서 그는 실증적인 회의론자였다고 말할 수 있습니다. 우울질의 완전주의가 가져왔던 삶의 단편의 모습을 여기서도 확인할 수 있습니다.

어쨌든 이것입니다. 그는 계속되는 질문을 이어 갑니다. 확인을 요구합니다. 그리고 마침내는 대답을 얻게 됩니다. 도마가 정말 예수님의 옆구리에 손을 넣어 봤는지 성경은 기록하지 않고 있습니다. 그 부분에 대해서는 침묵을 지킵니다. 하지만 "너희들은 나를 본 고로 믿느냐? 보지 못하고 믿는 자가 더 복되다!"는 주님의 말씀 앞에 엎드리면서 "나의 주 나의 하나님!" 하고 고백하는 도마의 모습을 볼 수 있습니다. 그는 마침내 진정한 해답을 얻었습니다. 그런 면에서 그는 절망적인 회의론자가 아니라 구도적인 회의론자, 답을 얻기 위해 정직하게 질문을 던졌던 사람이라고 보는 것이 이 제자에 대한 더욱 타당한 설명이라 할 수 있습니다.

그의 믿음의 단계

이제는 그가 회의하며 마침내 예수 그리스도를 주와 하나님으로 받아들이고 그 주님 앞에 자기 일생을 헌신하는 믿음의 단계를 살펴보겠습니다. 그러면서 동일하게, 우리 안에 가지고 있는 어떤 질문, 곧 신앙 혹은 예수님, 아니면 인생에 관한 질문들이 있을 때 어떻게 그 질문을 우리의 믿음으로 바꿔 갈 수 있는가에 대한 대답을 함께 찾았으면 좋겠습니다.

● 질문의 단계

먼저는, 질문해야 합니다. 마음속에 의심이나 회의가 있다면 침묵하지 마십시오. 질문해야 합니다. 그는 의심만 가졌던 것이 아닙니다. 그는 질문을 했습니다. 이것이 그를 적극적인 구도자로 만든 것입니다. 질문은 해답의 시작입니다. 인생의 어떤 고통과 갈등도 마찬가지입니다. 그 고통과 갈등을 품고만 있는 사람이 제일 위험한 사람입니다. 그러나 자신의 고통과 갈등을 말하는 사람은 이미 해결을 시작하고 있는 사람입니다. 누구라도 좋습니다! 누군가를 붙들고 "저 아파요!", "저 이런 문제 있어요!"라고 말하는 사람은 죽지 않습니다. 또 이런 사람은 해결할 수 있습니다. 그러니 질문을 품고만 있지 마십시오.

도마는 질문을 통해 대답을 얻었습니다. 그리고 도마의 질문으로 우리는 성경에 나오는 유명한 예수님의 대답들을 얻었습니다. 어디로 가시는지 알아야 예수님을 따를 수 있다는 이 도마의 질문 앞에 예수님이 하신 유명한 대답 중 하나가 "내가 곧 길이요 진리요 생명이니"(요 14:6)로 시작되는 말씀입니다. 이 말씀은 도마 때문에 얻은 것입니다. 도마가 질문했기 때문에 이 위대한 대답을 얻을 수 있게 된 것입니다.

자녀들의 질문을 격려하십시오! 질문을 해야 합니다.

● 교제의 단계

둘째는, 질문의 단계를 넘어 교제의 단계가 있어야 합니다. 주변에 교제권이 있어야 합니다. 교제권이 있고 없고는 매우 중요한 문제입니다. 요한복음 20장에 인상 깊은 한마디가 있습니다.

"열두 제자 중의 하나로서 디두모라 불리는 도마는 예수께서 오셨을 때에 함께 있지 아니한지라"(요 20:24).

함께 있지 않았다고 했습니다. 그랬기에 부활의 첫 번째 소식을 받아들이지 못했습니다. 한참 의심하고 회의하다가 나중에 그것을 믿게 되었다는 것입니다. 그러니 함께 있다는 것이 얼마나 중요한 것입니까?

이제 장면이 바뀝니다. 이것은 8일 후의 사건입니다.

"여드레를 지나서 제자들이 다시 집 안에 있을 때에 도마도 함께 있고 문들이 닫혔는데 예수께서 오사 가운데 서서 이르시되 너희에게 평강이 있을지어다 하시고"(요 20:26).

이번에는 함께 있었습니다. 제자들과 함께 있을 때 누가 나타나셨습니까? 예수님이 나타나셨습니다. 그리고 "너희에게 평강이 있을지어다! 내 옆구리에 손을 넣고 확인한 후 믿는 자가 되라!"고 말씀하셨습니다. 이처럼 제자들과 함께 있다는 것은 매우 중요한 일입니다.

주님은 "두세 사람이 내 이름으로 모인 곳에는 나도 그들과 함께하겠다"(마 18:20 참조)고 약속하셨습니다. 그래서 공적인 예배가 중요한 것입니다. 저는 아무리 인터넷 시대가 되었어도 개인 예배만으로는 생존할 수 없다고 생각합니다. 어떤 사람들은 인터넷이 발달하니까 앞으로는 사이버 교회만 생기고 교회는 다 없어지지 않을까 걱정하지만, 저는 그렇게 생각하지 않습니다. 공동체 예배 속에서만 느낄 수 있는 특별한 성령의 감동이 있기 때문입니다. 비가 와도, 길이 불편해도 찾아와서 예배를 드리면 마음속에 영적인 감동이 있지 않습니까?

공예배의 감동이 있습니다. 그곳에 주님의 임재가 있습니다. 그래서 예배가 중요한 것입니다. 도마가 이번에는 예배의 자리, 교제의 자리에 있었기에 부활하신 주님의 현존을 체험할 수 있었던 것입니다. 미국의 루스벨트 대통령에 관한 일화가 있습니다. 그분이 대통령 재임 당시 백악관 앞에 있는 한 교회를 나갔는데, 어느 날 그 교회 사무원이 전화를 한 통 받았습니다. "이번 주일 예배에 루스벨트 대통령이 참석하십니까?" 이때 사무원은 이런 명답을 했습니다. "루스벨트 대통령이 참석하실지는 확실치 않지만, 예수님은 분명히 참석하십니다." 예배에서 중요한 것은 예수님이 거기 계시다는 사실입니다. 예수 그리스도의 이름으로 두세 사람이 함께 모인 그곳, 진정한 교제의 자리, 예배의 자리에서 우리는 살아 계신 하나님을 경험할 수 있습니다.

논리적인 설득으로 도마의 의심의 문제가 해결된 것은 아닙니다. 사람이 지적으로 잘 설명해 준다 해도 인간의 회의는 풀리지 않습니다. 그러나 이런 교제의 자리에서 부활하신 주님을 체험하자, 의심은 눈 녹듯 사라졌습니다. 그렇습니다. 교제의 자리에 서 계십시오. 교제를 떠나지 마십시오. 아무리 힘든 사건이 있어도, 그리스도인은 교제의 자리에 있을 때 하나님의 살아 계신 임재와 믿음을 체험하게 됩니다.

● 낙심을 극복

저는 도마가 이런 질문을 하게 된 배경에는 주님에 대한 어떤 기대가 이루어지지 못한 것으로 인한 낙심이 그의 마음속에 남아 있었기 때문이라고 생각합니다. 그리스도인도 일시적으로 낙심할 수 있습니다. 성도도 낙심할 수 있습니다. 그래도 예배의 자리에 나와야 합니다. 그래도 교제를 해야 합니다. 그래도 하나님에게 기도하고, 하나님을 찬양해야 합니다. 그러면 그 낙심을 극복할 수 있습니다.

● 보이지 않는 것에 대한 가치를 중시

우리는 보이는 것만이 전부라는 시대를 살아가고 있습니다. 아마 도마도 그런 가치를 가지고 있었기 때문에 부활하신 주님, 그분이 보이지 않는다는 사실 때문에 그 부활의 사실을 신뢰하지 못했을지 모릅니다. 그러나 예수님은 뭐라고 말씀하셨습니까? "너는 본 고로 믿느냐?" 그러면서 예수님은 보여 주셨습니다! 보고자 하는 사람에게는 때로 주님이 보여 주십니다. 그러나 보여 주면서도 이렇게 말씀하십니다. "보지 않고 믿는 믿음이 더 복되다!"

히브리서 11장 1절은 말씀합니다. "믿음은 바라는 것들의 실상이요 보이지 않는 것들의 증거니." 또 고린도후서 5장 7절은 "우리가 믿음으로 행하고 보는 것으로 행하지 아니함이로라"고 말씀합니다. 믿음은 보이지 않지만 약속의 말씀에 근거해서 신뢰하는 것입니다. 이것이 진정한 신앙의 본질임을 믿으십시오.

그의 사역과 최후

그는 어떤 일을 하다가 어떻게 최후를 맞았을까요? 먼저, 부활 이후의 사건을 살펴보겠습니다.

"시몬 베드로와 디두모라 하는 도마와 갈릴리 가나 사람 나다나엘과 세베대의 아들들과 또 다른 제자 둘이 함께 있더니"(요 21:2).

그 이후에 도마는 제자들과 항상 같이 있었습니다. 교제를 떠나지 않았습니다. 사도행전 1장 13절에 나타난 제자들의 명단 속에도 도마가 들어가 있습니다. 마가의 다락방에서 성령의 강림을 기다리는 대열 속에도 도마가 있었습니다. 도마는 떠나지 않았습니다. 그는 부활 이후 교제의 자리에 굳게 서 있었습니다.

교회의 전승에 의하면, 도마는 페르시아를 거쳐 마침내 인도에 도착하게 됩니다. 인도에서 그리스도인을 만나면 그들을 통해 듣게 되는 두 사람의 이름이 있는데, 한 사람은 도마고, 또 한 사람은 현대 선교의 아버지, 윌리엄 캐리입니다. 선교의 문을 열고 인도를 찾아갔던 윌리엄 캐리와 함께 사도 도마는 인도 그리스도인들의 가슴속에 깊이 새겨진 인물입니다.

그는 인도에 도착해서 복음을 전합니다. 그리고 지금의 첸나이 근처에서 전도하다가 그곳 원주민이 던진 창에 찔려 순교를 당했다고 전해집니다. 그는 찔림을 당하면서도 무릎 꿇고 기도하며 이 한마디를 반복했다고 합니다. "주를 예배하나이다!" 지금도 인도 첸나이에 가면 도마의 무덤과 그를 기념하는 도마 기념교회를 볼 수 있는데, 그 도마 기념교회 정면에는 이런 말이 쓰여 있습니다. '주를 예배하나이다!' 그가 마지막으로 남긴 말입니다.

그는 교제의 자리, 예배의 자리에서 살아 계신 주님을 만난 후 평생 그 주님을 예배하며 그 주님을 증거하다가 자신의 생애를 마무리했습니다. 사도 도마의 삶이 남긴 이 감동, 이 도전이 우리를 향한 주님의 도전이 될 수 있기를 주님의 이름으로 축복합니다.

도마(Thomas, '쌍둥이'를 의미하는 아람어 '테오마'에서 유래한 이름, 헬라어로는 '디두모')

- 갈릴리 출생
- 다락방에서 "주여 주께서 어디로 가시는지 우리가 알지 못하거늘 그 길을 어찌 알겠사옵나이까"라고 질문함(요 14:5)
- 예수의 부활을 불신한 발언으로 '의심하는 도마'로 칭해짐(요 20:24-25 참조)
- "나의 주님이시요 나의 하나님이시니이다"라는 신앙 고백(요 20:28)
- 페르시아, 인도에서 전도하다 순교한 것으로 전해짐

구원받지 못한 사도

사도
∘●
가룟 유다

● 인물 마인드맵 _ **가룻 유다**

은 삼십 세겔

랍비여 나는 아니지요? (마 26:25)

입맞춤

배반

아겔다마

자살

제자들 중 회계 담당

주요 사건

가룻 유다

가족

아버지 시몬

고향 가룻

○ 요 12:4-6

제자 중 하나로서 예수를 잡아 줄 가룟 유다가 말하되 이 향유를 어찌하여 삼백 데나리온에 팔아 가난한 자들에게 주지 아니하였느냐 하니 이렇게 말함은 가난한 자들을 생각함이 아니요 그는 도둑이라 돈궤를 맡고 거기 넣는 것을 훔쳐 감이러라

○ 요 13:26-30

예수께서 대답하시되 내가 떡 한 조각을 적셔다 주는 자가 그니라 하시고 곧 한 조각을 적셔서 가룟 시몬의 아들 유다에게 주시니 조각을 받은 후 곧 사탄이 그 속에 들어간지라 이에 예수께서 유다에게 이르시되 네가 하는 일을 속히 하라 하시니 이 말씀을 무슨 뜻으로 하셨는지 그 앉은 자 중에 아는 자가 없고 어떤 이들은 유다가 돈궤를 맡았으므로 명절에 우리가 쓸 물건을 사라 하시는지 혹은 가난한 자들에게 무엇을 주라 하시는 줄로 생각하더라 유다가 그 조각을 받고 곧 나가니 밤이러라

이탈리아의 한 화가가 시슬리의 한 성당 벽화를 그려 달라는 부탁을 받습니다. '예수님의 생애'라는 제목으로 그림을 그려 달라는 부탁이었습니다. 그는 열두 살 난 한 소년을 모델로 선택해서 예수님의 어린 시절을 먼저 그립니다. 그 후 그림을 그리기 시작한 지 상당한 세월이 흐르자 그는 그림을 완성해야겠다는 압박을 느끼게 됩니다. 그가 가장 고심했던 부분은 예수님이 십자가를 앞두고 고난 받으시는 모습이었다고 합니다.

어느 날, 그는 고난 받으시는 주님의 모습을 그리기 위해 예수님을 배반한 유다의 모습을 한 인상적인 모델을 선택해야겠다는 충동을 느낍니다. 그래서 그 모델을 찾기 시작합니다. 하루는 술집에 갔다가 술주정을 하고 있는 한 사나이의 특이한 저항적인 표정이 유다의 모델로 적합하다

고 생각하게 됩니다. 그래서 술이 깨기를 기다린 다음, 자기 그림의 모델이 되어 달라고 부탁합니다. 집으로 데려가 그림의 내용을 설명한 다음 가룟 유다의 포즈를 취해 달라고 하는데, 그 사나이가 갑자기 굵은 눈물 방울을 흘리며 이렇게 말합니다. "화가 선생님! 저를 기억하지 못하십니까? 저는 여러 해 전 선생님의 그림에서 소년 예수님의 모델로 선택되었던 사람입니다."

이 이야기의 사실성은 입증하기 어렵지만, 이 이야기의 교훈만은 분명합니다. 예수님을 닮아야 할 사람이 예수님의 배반자도 될 수 있다는 가능성입니다. 예수님 곁에 가장 가까이 머물러 적어도 2년 이상의 삶을 함께했음에도 기어이 예수님을 닮지 못하고 배반자가 되어 버린 제자가 있습니다. 바로 가룟 유다입니다.

그의 이름

성경은 그를 '가룟인 유다'라고 기록합니다. 이는 '가룟 지역의 사람'이라는 뜻입니다. 여호수아 15장 25절에 보면 이 '가룟'이라는 지역 이름이 '그리욧'이라고 기록되어 있습니다. 유다에서 남쪽에 위치한 제일 큰 도시가 헤브론인데, 그 헤브론에서 다시 수 마일 남쪽으로 내려간 곳에 위치한 작은 마을의 이름이 바로 '그리욧' 또는 '가룟'이라고 불립니다.

다른 제자들은 대부분 북쪽 지방인 갈릴리 지역 출신이었습니다. 그런 의미에서 유다는 벌써 출신 지방을 달리하는, 다른 제자들과는 차별화될 수 있는 사람이었습니다. 그의 이름은 아주 좋은 뜻을 가지고 있었습니다. '유다'라는 말은 히브리어로 '예후다'라 하는데, 이는 '하나님이 찬양을 받으실지라'라는 뜻입니다. 그러고 보면 유다는 이름값을 하지 못한 대표적인 사람입니다.

그는 불행하게도 찬양의 대명사가 아니라 저주의 대명사가 되었습니다. 이 사람 때문에 그 이후로 '유다'라는 이름을 가진 사람이 극히 드물게 되었습니다. 사실 가룟 유다가 등장하기 전까지만 해도 유대인들에게 '유다'라는 이름은 가장 인기 있는 보편적인 이름이었습니다. '유다'라는 이름을 가진 사람이 굉장히 많았습니다. 이스라엘의 열두 지파인 유다 지파의 시조가 누구입니까? 유다입니다. 야곱의 아들 중 한 사람이자 메시아의 가계를 형성했던 사람입니다. 또한 소위 구약과 신약의 중간기에 이스라엘이 시리아의 지배를 받고 있을 때, 시리아에 의해서 점령당한 이스라엘을 구출하기 위해 일어섰던 구국의 영웅 가운데 '유다 마카비'라는 사람이 있습니다. 이스라엘 사람들에게는 영웅으로 추앙 받는 인물입니다. 그 사람의 이름도 유다입니다.

예수님의 동생 가운데도 유다가 있습니다. 아마도 신약성경 가운데서 '유다서'라는 책의 기자는 예수님의 동생인 유다였을 것이라고 추정됩니다. 예수님의 열두 제자 가운데도 가룟 유다 말고 또 한 명의 유다가 있습니다. 누구입니까? '다대오 유다'라는 이름을 가진 제자입니다. 그래서 성경의 저자이신 성령님은 이 유다를 가룟 유다와 구별하기 위해 성경을 기록할 때 매우 조심성 있고 흥미로운 표현을 사용하셨습니다.

"가룟인 아닌 유다가 이르되 주여 어찌하여 자기를 우리에게는 나타내시고 세상에는 아니하려 하시나이까"(요 14:22).

그의 인물 됨

이름값을 하지 못한 불명예스러운 제자, 가룟 유다. 그렇다면 그의 됨됨이는 어땠을까요? 저는 이것을 네 가지로 정리해 보려 합니다.

● 신뢰받을 만한 사람

예수님과 함께 활동하다 보면 이 그룹 가운데서 자연히 재정적인 지출이 있었을 것입니다. 그때 회계 관리를 누가 담당했습니까? 유다였습니다. 유다가 회계로 선택되었다는 것은 그가 믿음직한 사람, 신뢰받을 만한 사람으로 인정될 수 있었다는 것을 우리에게 입증하고 있다고 할 수 있습니다.

● 신뢰성에 있어서 의심받지 않던 사람

"예수께서 이 말씀을 하시고 심령이 괴로워 증언하여 이르시되 내가 진실로 진실로 너희에게 이르노니 너희 중 하나가 나를 팔리라 하시니"(요 13:21).

평소에 가룟 유다가 의심을 받고 있었다면, "너희 중 하나가 나를 팔리라"라고 말씀하셨을 때 제자들의 시선이 일제히 유다에게로 갔을 것입니다. 그러나 성경은 어떻게 기록합니까?

"제자들이 서로 보며 누구에게 대하여 말씀하시는지 의심하더라"(요 13:22).

이것을 보면 평소에 그는 그의 신뢰성에 있어서 의심받은 흔적이 없었던 사람입니다.

● **물욕이 있었던 사람**

"이렇게 말함은 가난한 자들을 생각함이 아니요 그는 도둑이라 돈궤를 맡고 거기 넣는 것을 훔쳐 감이러라"(요 12:6).

그는 용의주도한 도둑이었습니다. 신뢰성에 있어 의심받지 않으면서 사실은 돈을 빼낸 도둑이었습니다. 그는 물질에 대한 욕심을 극복하지 못한 사람입니다. 결국 이 욕심이 그로 하여금 예수님을 은 삼십에 팔게 만든 것입니다. 그리고 사랑하는 스승을 배신하게 한 것입니다. 우리는 마태복음 26장 15절에서 그가 드디어 은 삼십에 예수님을 거래하고 있는 현장을 성경에서 목격하게 됩니다. 이처럼 그는 물욕의 지배를 받았던 사람입니다.

● 위선적인 사람

위선적이라는 것은 겉과 속이 다르다는 말입니다. 그는 자신이 하는 말과 행동에 전혀 일치함이 없는 사람이었습니다. 아니, 행동으로 말을 배신하는 사람이었습니다. 위선자였습니다. 그는 겉으로 공의로움을 가장하고 있었습니다.

> "제자 중 하나로서 예수를 잡아 줄 가룟 유다가 말하되 이 향유를 어찌하여 삼백 데나리온에 팔아 가난한 자들에게 주지 아니하였느냐 하니"(요 12:4-5).

유다가 뭐라고 말했습니까? 옥합을 깨는 여인의 헌신, 마리아의 헌신을 보고, 왜 이 비싼 향유로 가난한 사람을 구제하지 않느냐 하지 않습니까? 얼마나 좋은 소리입니까? 얼마나 정의로운 소리입니까? 얼마나 우리의 눈을 번쩍 뜨게 하는 의로운 목소리입니까? 그러나 그것은 자기를 가장하는 목소리였습니다. 속에 있는 자기의 욕심을 커버하기 위한 소리에 불과했던 것입니다. 그래서 그는 '위선자'라고 말할 수밖에 없습니다. 그가 가진 주변으로부터 받고 있던 모든 신뢰에도 불구하고, 그는 주변 사람들을 감쪽같이 속여 온 위선적인 사람이었습니다.

비슷한 상황이 다른 성경에도 기록되어 있습니다.

> "말씀하실 때에 한 무리가 오는데 열둘 중의 하나인 유다라 하는 자가 그들을 앞장서 와서 예수께 입을 맞추려고 가까이 하는지라 예수께서 이르시되 유다야 네가 입맞춤으로 인자를 파느냐 하시니"(눅 22:47-48).

그가 예수님에게 입을 맞추었습니다. 그러나 이것은 사랑의 입맞춤이 아니라, 예수님을 넘겨주기 위한, 팔아넘기기 위한 키스였습니다. 그때부터 영어에 이런 표현이 생겼습니다. '배반의 키스.'

그의 배반

왜 그는 배반했을까요? 왜 그는 자기의 스승을 배신했을까요? 우리는 성경에 나타난 그의 삶의 족적에서 적어도 세 가지 뚜렷한 원인을 발견해 낼 수 있습니다.

● 돈에 대한 사랑, 돈에 대한 욕심

성경은 결코 돈 자체를 정죄한 적이 없습니다. 돈은 엄격하게 말하면 중립적인 가치입니다. 돈 자체는 선도 아니고 악도 아닙니다. 돈을 어떻게 선용하느냐, 혹은 악용하느냐에 따라서 그 가치는 달라집니다. 성경은 돈 자체를 정죄하지는 않지만, 돈을 사랑하는 것은 정죄합니다. 디모데전서 6장 10절은 "돈을 사랑함이 일만 악의 뿌리"라고 말씀합니다.

돈은 필요한 것입니다. 우리는 돈을 지혜롭게 벌고, 지혜롭게 저축할 필요가 있습니다. 하지만 돈을 모으고 저축하되, 결코 돈을 사랑하지는 마십시오! 필요할 때 내놓을 수 있어야 합니다. 그것이 돈을 사랑하지 않는다는 증거입니다. 계속 모으기 위해서 돈을 또 모은다면, 이는 이미 돈의 포로가 되어 있는 것입니다. 필요할 때 쓸 줄 아는 사람, 자유할 줄 아는 사람, 그는 돈의 노예가 아니라는 증거를 갖고 사는 사람입니다.

유다는 이미 돈에 의해서 지배되는 행동을 합니다. 그는 돈을 받고 예수님을 팔기로 합니다. 사실, 그가 예수님을 파는 것은 어느 날 벌어진 우발적인 사건이 아닙니다. 어느 날 갑자기 그렇게 충동적으로 행동한 것이 아닙니다. 성경을 주의 깊게 살펴보면, 그것은 지극히 계획적인 행동이었습니다. 그리고 그는 그렇게 예수님을 팔 기회를 노리고 있었습니다.

> "내가 예수를 너희에게 넘겨주리니 얼마나 주려느냐 하니 그들이 은 삼십을 달아 주거늘"(마 26:15).

이어지는 16절까지 주목해 보십시오.

> "그가 그때부터 예수를 넘겨줄 기회를 찾더라."

아주 의도적이요, 계획된 것입니다. 충동적인 행동이 아닙니다. 이것은 누가복음을 통해서도 입증됩니다.

> "그들이 기뻐하여 돈을 주기로 언약하는지라 유다가 허락하고 예수를 무리가 없을 때에 넘겨줄 기회를 찾더라"(눅 22:5-6).

무리가 없을 때 예수님을 넘겨주기 위해 호시탐탐 기회를 노리고 있던 유다의 모습을 성경은 증언합니다. 그것은 충동이 아니었습니다. 의로웠던 사람이 어느 날 갑자기 변한 것이 아닙니다. 유다에 대한 동정적인 소설도 있고, 영화도 있습니다. 그러나 그것은 전혀 사실이 아니며, 성경적 사실에 근거한 것이 아닙니다.

● 자기 의를 가장한 위선

자기 의를 가장한 위선, 이것이 필연적으로 예수님을 파는 결과를 가져왔습니다. 자기 의에 도취한 사람들, 바른 말하기 좋아하는 사람들이 항상 조심해야 할 것이 있습니다. 누군가가 지나치게 옳은 것을 강조하는 배경 속에는 옳지 못한 자기 자신을 합리화하려는 동기가 없는지 스스로 살펴야 합니다.

성경은 사람의 의, 우리가 붙들고 선전하고 자랑하는 인간의 의라는 것은 모두 더러운 옷과 같다고 말씀합니다. 이사야 64장 6절의 "우리의 의는 다 더러운 옷 같으며"에서 더러운 옷을 다르게 번역하면 '더러운 걸레'와 같다는 말입니다. 사람이 얼마나 의롭겠습니까? 사람이 얼마나 선하겠습니까? 만약 가룟 유다가 자기 내면에 존재하는 이런 부패의 본질을 보고 하나님 앞에 겸손할 수 있었다면 그의 행동은 훨씬 달라졌을 것입니다. 그러나 불필요하게 자기 의를 앞세우면서 정의를 외쳐 대는 유다의 모습을 보십시오. 그것은 자신의 위선을 커버하려는 연극에 불과했습니다. 그리고 그 연극의 최종적인 결과는 바로 예수님에 대한 배반이었습니다.

● 사탄의 유혹을 거절하지 못함

성경에서 사탄이 유다로 하여금 예수님을 팔도록 미혹하는 모습을 추적해 보면 상당히 단계적입니다. 바로가 이스라엘 백성을 이집트에 묶어 두기 위해 쓴 방법도 단계적이었습니다. 사탄은 전략을 갖고 있습니다. 에베소서 6장에서 "마귀의 간계를 능히 대적하기 위하여"라고 할 때의 '간계'는 영어로 'method', 곧 사탄의 방법이라는 말입니다. 사탄은 탁월한 전략을 가지고 있습니다. 사탄이 유다를 미끼로 삼는 그 유혹의 전략을 주목해 보십시오.

> "마귀가 벌써 시몬의 아들 가룟 유다의 마음에 예수를 팔려는 생각을 넣었더라"(요 13:2).

제일 먼저, 사탄이 유다에게 어떻게 접근합니까? 그의 마음속에 생각을 집어넣습니다. '예수님 한번 팔아 볼까?' 그래서 우리는 우리 안에서 일어나는 부정적인 생각, 혹은 매우 불건전한 생각들을 잘 관리해야 합니다. 생각들 가운데 사탄의 전략이 있다는 것을 간파해야 합니다. 생각을 집어넣은 다음에는 어떻게 합니까?

> "조각을 받은 후 곧 사탄이 그 속에 들어간지라 이에 예수께서 유다에게 이르시되 네가 하는 일을 속히 하라 하시니"(요 13:27).

사탄은 먼저 무엇을 집어넣었습니까? 생각을 집어넣었습니다. 생각의 포로가 되는 모습을 본 후에는 어떻게 했습니까? 나중에는 사탄이 그 속으로 들어갔습니다. 그렇기 때문에 우리 안에서 일어나는 모든 건강하지 않은 사고들, 부정적인 사고들을 늘 조심해야 합니다. 우리는 생각에서 부터 사탄에게 끌려 다니지 말아야 합니다. 물론 생각이 날 수는 있습니다. 하지만 생각날 때마다 "사탄아, 물러가라!"라고 하며 생각을 쫓아 버려야 합니다.

불행하게도 이 생각을 거절할 수 없었던 유다는 결국 마귀의 도구 역할을 하게 됩니다. 예수님이 유다를 향해서 마귀라고 말할 수밖에 없는 그 비극의 날이 드디어 그에게 찾아오게 된 것입니다.

그의 죽음

이제 마지막으로 그의 죽음과 파멸을 생각해 보겠습니다. 먼저는, 그의 양심이 정죄되기 시작합니다. 그는 이렇게 팔아도 괜찮을 거라며 오판을 했습니다. 그러나 예수님을 팔자마자 그의 마음속에 양심의 정죄가 일어나기 시작합니다.

"그때에 예수를 판 유다가 그의 정죄됨을 보고 스스로 뉘우쳐 그 은 삼십을 대제사장들과 장로들에게 도로 갖다 주며 이르되 내가 무죄한 피를 팔고 죄를 범하였도다 하니 그들이 이르되 그것이 우리에게 무슨 상관이냐 네가 당하라 하거늘"(마 27:3-4).

그는 후회했습니다. 하지만 후회가 회개는 아닙니다. 후회는 회개의 단계로서 필요하지만, 후회 그 자체가 회개는 아닙니다. 유다는 후회만 했습니다. 양심에 정죄가 일어나기 시작합니다. 그리고 마침내 그는 어떻게 되었습니까? 그는 자살을 하고 말았습니다. 스스로 자기를 파멸시킨 것입니다.

"유다가 은을 성소에 던져 넣고 물러가서 스스로 목매어 죽은지라"(마 27:5).

성경의 다른 부분을 보면 유다는 목매어 죽은 것이 아니라, 배가 터져 죽었다고 나옵니다.

"이 사람이 불의의 삯으로 밭을 사고 후에 몸이 곤두박질하여 배가 터져 창자가 다 흘러나온지라 이 일이 예루살렘에 사는 모든 사람에게 알리어져 그들의 말로는 그 밭을 아겔다마라 하니 이는 피밭이라는 뜻이라"(행 1:18-19).

어느 것이 맞습니까? 목매어 죽었습니까, 배가 터져 죽었습니까? 성경 학자들은 이렇게 생각합니다. 그는 아마 바위 위의 나무에 목을 매달아서 죽었을 것입니다. 그 후에 나뭇가지가 부러지든 목맨 줄이 떨어지든, 바위에 떨어지면서 배가 터져 창자가 흘러나왔을 것입니다. 이것이 유다의 마지막 모습입니다. 그리고 그가 피 흘린 그 밭은 '아겔다마', 곧 피의 밭으로 불리게 됩니다.

그에게 후회는 있었습니다. 하지만 그는 회개가 없는 최후를 맞이했습니다. 저는 유다에게 회개의 기회가 적어도 세 번은 있었다고 생각하니다. 첫 번째는, 요한복음 13장의 만찬의 자리에서 예수님이, "너희 중에 하나가 나를 팔리라" 말씀하셨을 때입니다. 그는 그때 "선생님! 그렇습니다. 제가 그 생각을 했습니다. 저를 용서해 주십시오!"라고 할 수 있었습니다. 두 번째는, 누가복음 22장의 겟세마네 동산에서 예수님이, "네가 입맞춤으로 나를 배반하려고 하느냐?"라고 말씀하셨을 때입니다. 만일 그때 "맞아요! 선생님, 저를 용서해 주세요!"라고 했더라면 상황은 달라졌을 것입니다. 마지막 기회는 마태복음에서 찾을 수 있습니다.

> "그때에 예수를 판 유다가 그의 정죄됨을 보고 스스로 뉘우쳐 그 은 삼십을 대제사장들과 장로들에게 도로 갖다 주며"(마 27:3).

그가 뉘우쳤다고 했습니다. 성경은 그가 뉘우쳤다는 말밖에 기록하지 않습니다. 뉘우침에서 한 걸음 더 나아가지 못한 것입니다. "선생님! 용서해 주세요! 제가 죄를 범했습니다." 후회하고 죄를 범한 것도 인정했지만, 그는 용서를 구하지 않았습니다. 이 말을 하지 못했습니다. 회개는 용서를 구하는 자리로 나아가야 합니다. 주의 피 흘림으로 씻음을 받고 다시 일어설 때 회개는 이루어진 것으로 볼 수 있습니다.

어떤 의미에서는 가룟 유다 이상으로 베드로가 더 무서운 죄를 범했다고 볼 수 있습니다. 가룟 유다는 예수님을 팔았지만, 베드로는 예수님을 저주까지 했습니다. 그러나 차이는 무엇입니까? 베드로는 돌아와 회개했지만 유다에게는 회개가 없었습니다. 후회는 했지만, 끈질기게 하나님 앞에서 용서를 구할 만한 겸허함이 없었던 것입니다. 그래서 그는 회개

없는 마지막 최후를 맞이합니다.

그의 마지막은 어떻게 되었을까요? 구원받지 못한 사람으로 영원한 저주 속에 떨어졌을 것입니다. 저는 가끔 이런 질문을 받습니다. "목사님! 가룟 유다가 구원받지 못했다는 증거가 어디에 있습니까?" 예수님을 따라다녔지만, 제자들 속에 있었지만, 그가 구원받은 흔적은 볼 수 없습니다. 오히려 예수님은 그가 구원받지 못한 사람이라는 암시를 충분히 하셨습니다.

> "예수께서 이르시되 이미 목욕한 자는 발밖에 씻을 필요가 없느니라 온몸이 깨끗하니라 너희가 깨끗하나 다는 아니니라 하시니 이는 자기를 팔 자가 누구인지 아심이라 그러므로 다는 깨끗하지 아니하다 하시니라"(요 13:10-11).

예수님이 제자들의 발을 씻기실 때 베드로 차례가 왔습니다. "선생님, 제 발 못 씻겨요." 그러자 예수님은 어떻게 말씀하십니까? "내가 너를 씻기지 않으면, 너는 나와 상관이 없다." 단순히 발 씻음만 말씀하시는 것이 아닙니다. '씻김'이라는 것은 요한복음에서 죄 문제의 해결을 의미합니다. 예수님은 우리의 죄 문제를 해결하러 오셨는데 그를 통해 죄 문제의 해결을 받지 못한다면 우리는 주님과 상관이 없다는 말입니다.

이미 목욕했다는 것은 '중생했다, 거듭났다'는 말입니다. 그러나 다는 아니라고 말씀하십니다. 누구를 가리키신 것입니까? 가룟 유다입니다. 그는 예수님을 따라다니는 제자들 속에 있었지만, 정말 예수 그리스도를 구세주로 믿고 거듭나지는 못했던 것입니다. 오늘날 교인들 가운데도 이런 사람들이 많습니다. 교회는 나오지만, 교회에서 직분도 가졌지만, 정말 거듭남이 없다면 가룟 유다의 후예가 될 가능성이 있습니다.

그가 남긴 교훈

그의 인생이 주의 사도와 제자로서 남긴 교훈은 무엇일까요? 네 가지로 요약할 수 있습니다.

● 특권은 언제나 남용될 수 있다

그에게는 주님과 가까이할 수 있는 특권이 있었습니다. 또 돈주머니를 관리하면서 주님과 얼마나 많은 대화를 나누었겠습니까? 그러나 예수님과 가까이 있을 수 있다는 특권이 그의 신앙을 보장하지는 못했습니다. 그 특권은 남용되었습니다.

● 자신에게 솔직하지 못한 것은 비극이다

유다는 한 번도 자기 자신을 오픈하지 못했습니다. 자기 속에 있는 검은 야심과 생각의 고민을 토로하지 못했습니다. 저는 성화의 가장 중요한 길은 자신을 오픈하는 것이라고 믿습니다. 자신이 어떤 생각을 하고 어떻게 사는지를 나눌 줄 알아야 합니다. 힘들다고 말할 수 있어야 합니다. 그럴 때 그곳에 치료가 있습니다. 그렇기 때문에 자신을 드러내는 나눔이 필요합니다.

● 유다는 얼마든지 있을 수 있다

유다의 배신을 알고도 그를 제자로 선택하신 이유, 이것은 아마도 후일에 오는 그리스도인의 공동체를 향한 교훈일 것입니다. 우리 주변에 유다는 언제나 있을 수 있다는 것입니다. 주위를 한번 둘러보십시오. 그럴 가능성이 있는 사람이 누구인지 한번 돌아보십시오.

● 사람의 어떤 악함도 하나님의 뜻을 방해할 수 없다

유다는 악한 행위를 보였습니다. 그러나 유다의 이런 악함이 하나님의 궁극적인 섭리를 방해할 수는 없었습니다. 십자가에서는 마침내 하늘의 뜻이 이루어졌습니다.

유다의 행위는 결코 정당화될 수 없습니다. 그러나 하나님은 유다의 그 악한 행위까지도 사용하셔서, 궁극적으로는 인류의 구속을 위한 당신의 뜻을 이루셨습니다. 사람의 배신이, 사람의 악함이, 사람의 미움이 하나님의 뜻을 결코 무효화할 수 없습니다. 주님의 뜻은 이루어지고야 맙니다.

유다는 주님의 뜻 가운데서 쓰임 받지 못한, 떨어져 나간, 구원받지 못한 불행한 사도였습니다. 당신은 어떻습니까?

가룟 유다(Judas Iscariot, '찬양하다'라는 뜻)

- 유일한 유대 출신의 제자
- 제자들을 위해 돈궤를 맡아 관리한 회계 담당(요 12:4-6)
- 예수의 사역 초기부터 사탄에게 팔림(요 6:70-71)
- 값비싼 향유를 부은 마리아의 행위를 비판함(요 12:3-6)
- 은 삼십 세겔에 예수를 팔기로 의논함(마 26:15-16)
- 사탄이 그의 마음속에 들어오도록 허락함(눅 22:3; 요 13:27)
- 다락방에서 예수와 함께 그릇에 손을 담음(요 13:26-30)
- 입맞춤으로 예수를 배반(마 26:49)
- 양심의 가책을 받아 그의 피 값을 돌려 줌(마 27:3-4)
- 밖으로 나가서 스스로 목매어 자살(마 27:5)

그 빈자리를 채운 사도

맛디아

● 인물 마인드맵 _ **맛디아**

가룻 유다

제비뽑기

후임자

맛디아
(여호와의 선물)

사도행전

○ 행 1:12-26

제자들이 감람원이라 하는 산으로부터 예루살렘에 돌아오니 이 산은 예루살렘에서 가까워 안식일에 가기 알맞은 길이라 들어가 그들이 유하는 다락방으로 올라가니 베드로, 요한, 야고보, 안드레와 빌립, 도마와 바돌로매, 마태와 및 알패오의 아들 야고보, 셀롯인 시몬, 야고보의 아들 유다가 다 거기 있어 여자들과 예수의 어머니 마리아와 예수의 아우들과 더불어 마음을 같이하여 오로지 기도에 힘쓰더라 모인 무리의 수가 약 백이십 명이나 되더라 그 때에 베드로가 그 형제들 가운데 일어서서 이르되 형제들아 성령이 다윗의 입을 통하여 예수 잡는 자들의 길잡이가 된 유다를 가리켜 미리 말씀하신 성경이 응하였으니 마땅하도다 이 사람은 본래 우리 수 가운데 참여하여 이 직무의 한 부분을 맡았던 자라 (이 사람이 불의의 삯으로 밭을 사고 후에 몸이 곤두박질하여 배가 터져 창자가 다 흘러 나온지라 이 일이 예루살렘에 사는 모든 사람에게 알리어져 그들의 말로는 그 밭을 아겔다마라 하니 이는 피밭이라는 뜻이라) 시편에 기록하였으되 그의 거처를 황폐하게 하시며 거기 거하는 자가 없게 하소서 하였고 또 일렀으되 그의 직분을 타인이 취하게 하소서 하였도다 이러하므로 요한의 세례(침례)로부터 우리 가운데서 올려져 가신 날까지 주 예수께서 우리 가운데 출입하실 때에 항상 우리와 함께 다니던 사람 중에 하나를 세워 우리와 더불어 예수께서 부활하심을 증언할 사람이 되게 하여야 하리라 하거늘 그들이 두 사람을 내세우니 하나는 바사바라고도 하고 별명은 유스도라고 하는 요셉이요 하나는 맛디아라 그들이 기도하여 이르되 뭇 사람의 마음을 아시는 주여 이 두 사람 중에 누가 주님께 택하신 바 되어 봉사와 및 사도의 직무를 대신할 자인지를 보이시옵소서 유다는 이 직무를 버리고 제 곳으로 갔나이다 하고 제비 뽑아 맛디아를 얻으니 그가 열한 사도의 수에 들어가니라

본문에는 예수님이 승천하신 후 제자들이 모여서 민주적인 회의와 투표를 통해 유다의 빈자리를 채우는 이야기가 기록되어 있습니다. 열두 제자뿐 아니라 열두 제자를 통해서 예수님의 제자가 된 120명 이상의 사람들이 다락방에 모여 비어 있는 한 자리를 채우는 것입니다.

12라는 숫자는 하나님의 백성에게 있어 매우 중요한 의미를 가진 숫자로 여겨집니다. 일종의 대표 숫자와 같은 것입니다. 구약을 대표하는 하나님의 백성은 열두 지파, 신약을 대표하는 하나님의 백성은 열두 제자로 되어 있는 것을 볼 수 있습니다. 예수님은 마태복음 19장 28절에서, 세상이 새로워지는 날 예수님이 열두 제자와 더불어 온 세상을 심판하게 될 것이라고 말씀하셨습니다. 또 요한계시록 21장, 성경의 거의 마지막 부분을 보면 새 하늘과 새 땅이 임할 때, 천국이 이루어질 때의 그 천국은 열두 개의 문과 열두 개의 기초석으로 만들어져 있는데, 열두 기초석 위에는 열두 사도의 이름이 기록되었다고 말씀하고 있습니다.

그렇다면 유다가 빠졌으니 누군가가 그 자리를 채우는 것이 마땅할 것입니다. 그래서 그 한 자리를 채우는 회의가 열렸고, 적절한 절차와 제비뽑기를 통해 한 제자를 선택했던 것입니다. 그렇게 세워진 사도가 누구입니까? '맛디아'입니다.

사도의 자격

여기서 궁금한 게 생깁니다. 열두 제자가 되기 위한, 사도가 되기 위한 자격은 무엇입니까? 사도에는 두 가지 자격이 있습니다. 아무나 사도가 되는 것이 아니라, 두 가지의 자격이 갖추어져야 사도로 임명될 수 있었습니다.

"이러하므로 요한의 세례(침례)로부터 우리 가운데서 올려져 가신 날까지 주 예수께서 우리 가운데 출입하실 때에 항상 우리와 함께 다니던 사람 중에"(행 1:21-22).

첫째는, 예수님이 이 땅에 계실 때 예수님과 함께했던 사람들 가운데서 선택되어야 했습니다. 그리고 22절을 보십시오.

"항상 우리와 함께 다니던 사람 중에 하나를 세워 우리와 더불어 예수께서 부활하심을 증언할 사람이 되게 하여야 하리라 하거늘."

신학자들은 이 말씀에 근거해서 사도의 또 하나의 자격은 예수님과 함께했을 뿐만 아니라 예수님의 부활을 목격한 자여야 한다는 증거를 얻습니다. 그래야 예수님의 부활을 증언할 수 있기 때문입니다. 누가 가장 확실한 증언을 할 수 있겠습니까? 증인의 자격은 목격자입니다. 목격한 자만이 확실한 증언을 할 수 있습니다. 예수님과 함께하면서 그분이 어떻게 사셨는지, 무엇을 가르치셨는지를 목격하고 그분의 가르침을 친히 받은 사람이라면, 이 사람이야말로 증인의 첫 번째 자격을 가졌다 할 수 있습니다. 이처럼 예수님과 함께 있었고, 예수님의 부활을 목격한 자라야 사도의 자격이 있는 것입니다.

열두 제자뿐 아니라 예수님 주변에 있었던 사람들 가운데 또 다른 70명이 있었던 것을 기억할 것입니다. 예수님이 제자들을 내보내실 때 둘씩 짝을 지어 파송했던 사람들입니다. 역사가 유세비우스는 맛디아가 바로 이 70명 중에 한 사람이었을 것이라고 증언합니다.

또 하나의 자격은 예수님의 부활을 목격하고, 그것을 증거한 사람이어야 한다고 했습니다. 그런데 고린도전서 15장에 보면 500명의 증인들이 부활하신 예수님을 목격했습니다. 예수님의 부활을 목격한 사람들이 상당히 많았습니다. 그래서 바울은 맨 나중에 '만삭 되지 못한 나'에게까지도 부활하신 주님이 자신을 나타내 보여 주셨다고 말합니다. 이렇게 볼 때, 맛디아는 예수님의 부활을 목격한 500명의 증인 중 한 사람이었을 것입니다. 이로써 그는 사도의 두 가지 자격을 모두 갖추었다고 볼 수 있습니다.

선출의 방법

선출 방법은 제비뽑기였습니다. 신약성경에 나타난 제비뽑기의 유일한 사례가 바로 이 사도행전 1장의 사건입니다. 그 이후로는 제비뽑기가 나타나지 않습니다. 구약 시대에는 제비뽑기를 한 사례가 적지 않게 나와 있지만, 신약성경에서는 사도행전 1장이 마지막 케이스였습니다. 그렇다면 이후에는 왜 제비뽑기에 대한 내용을 성경에 기록하지 않았을까요? 아마도 사도행전 2장 이후 성령님이 오시고 신약성경까지 다 기록된 다음에는 말씀을 가지고 기도하면서 충분히 분별할 수 있기 때문에, 굳이 제비뽑기를 할 필요를 느끼지 않았다고 생각할 수 있습니다.

중요한 것은 이것입니다. 제비뽑기가 중요한 것이 아니라, 이러한 과정을 통해서 하나님이 사람을 세우신다는 것입니다.

"제비는 사람이 뽑으나 모든 일을 작정하기는 여호와께 있느니라"(잠 16:33).

비록 사람이 뽑는다 할지라도 결국 사람을 궁극적으로 세워 주시는 분은 하나님이심을 성경은 증언하고 있습니다. 중요한 것은 제비뽑기가 아닙니다. 제비뽑기에는 신경 쓸 필요가 없습니다. 이 과정에 있어서 그들이 더 중시한 것은 두 가지입니다.

빈자리를 누구로 채울 것인가 의논하는 과정에서 베드로가 일어섰습니다. 그러면서 그는 하나님의 말씀을 인용하고 있습니다. "자, 가룟 유다가 이렇게 죽은 것도 하나님의 뜻입니다. 그렇다면 이제 다시 하나님의 뜻을 따라 한 사람을 세우는 것이 마땅하지 않겠습니까?" 이들은 하나님의 말씀 속에서 그들이 제자를 선출해야 할 행동의 근거, 행동의 원리를 찾고 있었던 것입니다. 거기에 말씀이 있었고, 기도가 있었습니다.

사도행전 1장 13-14절을 보십시오. 다락방에 올라간 열한 명의 제자를 포함해서 그곳에 모여 있던 120명의 사람들, 그리고 여자들과 예수님의 어머니 마리아와 예수의 형제들이 마음을 같이해서 오로지 기도에 힘썼다고 기록합니다. 이들은 전적으로 기도했습니다. 이들은 오순절 성령 강림을 위해서만 기도한 것이 아닙니다. 당장 더 중요한 제자 선출을 위해서 기도하고 있었던 모습을 볼 수 있습니다. 또한 그때만 기도한 것이 아니라, 제비를 뽑기 직전에도 기도하는 모습을 볼 수 있습니다.

"그들이 기도하여 이르되 뭇 사람의 마음을 아시는 주여 이 두 사람 중에 누가 주님께 택하신바 되어"(행 1:24).

그들은 누가 정말 하나님 마음에 합당한 사람인지를 물었습니다. 그것도 한 사람을 두고 결정한 것은 아니었습니다. 두 사람을 추천했습니다.

우리는 여기에서 하나님의 뜻을 분별하고 무언가를 결정하는 중요한 원리를 배울 수 있다고 생각합니다. 그리스도인들이 무엇을 하든, 어떤 결정을 내리든, 그 결정의 중요한 근거 속에는 반드시 다음의 세 가지가 있어야 합니다. 첫째는, 말씀입니다. 말씀을 묵상해야 합니다. 둘째는, 기도입니다. 하나님이 간섭해 주시도록 기도해야 합니다. 셋째는, 열린 마음입니다. 사람들은 이것을 잘 강조하지 않지만, 저는 이것이 굉장히 중요하다고 생각합니다. 말씀과 기도, 또 하나님의 뜻을 분별하는 중요한 요소 중에 하나는 바로 열린 마음이라고 생각합니다.

열린 마음이라는 것은 자기가 미리 결정한 것이 없어야 합니다. 우리는 대개 결정해 놓고 하나님 앞에 도장만 찍어 달라고 기도합니다. 하나님에게 아멘을 강요하는 경우입니다. 그런데 흥미로운 것은, 한 사람이 아닌 두 사람을 추천했습니다. 굉장히 민주적입니다. 이들은 기도하면서 하나님의 선택을 기다렸습니다.

사도행전 1장을 보면 제자 후보로 두 사람을 추천했는데, 그들 중에서 맛디아보다는 다른 사람이 더 유력했던 것 같습니다. 떨어진 사람의 이름이 먼저 언급되기 때문입니다.

> "그들이 두 사람을 내세우니 하나는 바사바라고도 하고 별명은 유스도라고 하는 요셉이요 하나는 맛디아라"(행 1:23).

요셉은 별명까지 있는 거창한 실력자였습니다. 유명한 사람은 옛날부터 이름이 많았습니다. 반면 맛디아는 별명도 없었습니다. 아마 또 다른 후보가 보다 더 유력한 후보였음에 틀림없습니다. 그런데 막상 제비를 뽑고 보니 맛디아였습니다. 그들은 은근히 요셉이 사도가 될 것을 바랐을 것입니다. 그런데 맛디아가 되었습니다. 그러나 거기에 하등의 논란을 제기하지 않았습니다. 저는 이것을 통해, 당시의 그리스도인들이 상당한 민주적인 의식을 갖고 있었음을 알 수 있다고 생각합니다. 말씀 보고 기도하고 투표한 일이기 때문에 다 결정되었을 때 그것을 하나님의 뜻으로 흔쾌히 받아들였습니다.

맛디아는 누구인가

'맛디아'라는 이름은 마태(Matthew)와 같은 어근에서 나왔습니다. 맛디아는 '하나님의 선물'이라는 뜻입니다. 굉장히 신앙적인 배경이 있었던 사람이었음을 짐작해 볼 수 있습니다. 그런데 이 사람이 우리를 궁금하게 만드는 것이 있습니다. 이 사람은 사도행전 1장의 투표 이후로는 성경에 등장하지 않습니다. 다시 사라져 버립니다. 성경은 이 사람의 말이나 행동에 대해 침묵을 지킵니다. 다만 사도행전에서 '열두 사도'라는 표현으로 그 자리를 채우고 있습니다.

성경학자들 가운데는 이런 견해를 가진 사람들이 있습니다. 맛디아가 전혀 활동하지 않는 것을 보면 사람들이 잘못 뽑은 것 같다는 견해 말입니다. 그런데 사도행전을 보면 맛디아 대신 등장한 사람이 있습니다. 사도행전에 찬란한 별처럼 등장한 사람이 누구입니까? 바울 사도입니다. 그래서 사람은 맛디아를 선출했지만 하나님이 선출하신 것은 바울이라고 주장하는 성경학자들도 있습니다. 일리는 있지만, 저는 그렇게 생각하지 않습니다. 물론 바울은 하나님이 예비하신 중요한 사람이었지만, 맛디아는 맛디아대로 자신의 역할을 다했을 거라고 생각합니다. 비록 성경에 등장하지는 않지만, 열두 사도의 한 팀워크 속에 들어가서 조용히, 이름 없이 빛도 없이 자기 할 일을 감당하며 공동체를 섬겼을 거라고 생각합니다. 또 교회 역사, 소위 교회의 전승은 그 사실을 우리에게 뒷받침해 주고 있습니다. 그는 유대 땅에서 열심히 전도하다가 나중에 에티오피아까지 간 것으로 기록되어 있습니다. 그곳에서 전도하다가 순교한 것으로 전해집니다. 어떻게 순교했느냐에 대해서는 두 가지 설이 있습니다. 첫째는 십자가형을 받았다는 것, 둘째는 돌에 맞아 죽었다는 것입니다. 어떠한 방법이었든, 그도 순교의 죽음으로써 그의 장렬한 생애를 마치는 사도가 되었습니다.

이런 맛디아의 선출과 행적을 생각하면서 마지막으로 이런 중요한 질문을 던지려고 합니다.

또 다른 열두 번째 사도

맛디아도 아니고 바울도 아닌, 또 다른 열두 번째 사도가 있습니다. 사실 열두 번째 자리를 누가 차지했느냐는 중요하지 않습니다. 중요한 것은, 하나님은 계속적으로 사람을 필요로 하신다는 사실입니다. 하나님은 당신이 쓰고자 하는 사람들을 계속적으로 부르시고, 그 자리를 채워서 쓰신다는 사실입니다. 가끔 교회에서 열 받은 성도들이 교회를 떠나면서 이렇게 말할 때가 있습니다. "내가 없으면 되나 봐라." 사실은 그 사람 없어도 잘됩니다. 하나님은 사람을 세우고 쓰시는 분입니다. 한 사람이 가면 또 다른 사람을 통해서 당신의 역사를 진행하십니다.

사도라는 말이 무슨 뜻입니까? 예수님과 함께하면서 예수님의 부활을 친히 목격한 사람만이 좁은 의미의 사도입니다. 그러나 저는 사도라는 말을 넓게 해석할 필요가 있다고 생각합니다. 사도라는 말은 본래 '보냄을 받은 자'라는 뜻입니다. 하나님의 일을 위해서 이 땅에 보냄을 받은 자가 바로 사도인 것입니다. 그런데 예수님이 이 땅을 떠나시기 직전에 제자들에게 이렇게 말씀하십니다. "아버지께서 나를 보내신 것같이 나도 너희를 보내노라"(요 17:18). 그러면 좁은 의미에서는 열두 사도, 열두 제자가 존재하지만, 넓은 의미에서는 우리도 사도가 됩니다. 하나님은 우리 또한 보내고 사용하기를 원하시는 것입니다. 넓은 의미에서 우리는 모두 열두 번째 사도가 되어야 합니다.

레슬리 플린(Leslie B. Flynn)의 《열두 사도》(파이디온선교회 역간)를 보면 이런 이야기가 나옵니다. 어떤 사람이 미국 육군사관학교를 방문했습니다. 마침 육군사관학교에 다른 대학교 팀이 와서 축구 경기를 진행하고 있었습니다. 그 옆을 보니 응원단 석에서 육군사관학교 생도들이 자기 축구팀을 응원하면서 깃발을 펄럭이고 있었는데, 그 깃발에는 '12'라는 숫자가 쓰여 있었습니다. 그 사람이 물었습니다. "당신들이 응원단 속에서 들고 있는 '12'라는 숫자는 무엇을 의미합니까?" 그때 응원을 하고 있던 한 생도가 이렇게 대답했습니다. "축구 경기는 열한 명이 하지만 우리들이 바로 열두 번째 선수입니다. 우리는 저 그라운드에서 뛰고 있는 선수들과 같은 심정으로 응원하면서, 함께 뛰고 있는 것입니다. 우리가 바로 열두 번째 선수입니다." 그렇습니다. 저는 열두 번째 사도가 단순히 맛디아가 아니라, 바울이 아니라, 바로 우리가 되어야 한다고 생각합니다.

하나님의 사역을 위한 빈자리가 보입니까? 하나님은 그 빈자리에 당신을 보내셔서 당신을 사용하길 원하십니다. 저희 교회의 가장 중대한 필요가 있다면 그러한 빈자리를 채우는 작은 목자들, 곧 목사의 동역자들입니다. 물론 지도자들에게는 여러 고난이 있습니다. 사람들은 그 고난만 보고 피하려고 합니다. 그러나 훨씬 더 많은 영광이 있다는 것을 기억하십시오.

그렇습니다. 우리 모두는 열두 번째 사도요, 제자입니다. 제자들에게 하신 주님의 마지막 명령은 '너희가 또 다른 제자를 삼으라'는 것이었습니다. 이것은 오늘날 우리에게 주신 명령이기도 합니다.

우리는 사도의 자격을 말할 때 두 가지를 강조했습니다. 그 두 가지를 다시 한 번 정리하며 이 장을 마무리하려 합니다.

● 예수님과 함께 있었던 사람

가톨릭에서는 사제에 대해서 이러한 표현을 씁니다. 사제들이 신의 대리인이고 예수를 대신하는 사람이라는 것입니다. 저는 이 표현이 성경적이지는 않다고 생각합니다. 대신이라는 것은 없을 때만 대신할 수 있습니다. 예수님이 안 계십니까? 그는 죽음에서 부활하셨고, 살아 계십니다. 우리는 그분을 대신할 필요가 없습니다. 중요한 것은, 그분과 함께하는 것입니다. 그분을 대신하는 것이 아니라, 함께하면 됩니다.

살아 계신 주님, 우리는 말씀과 기도를 통해서 그분과 교통할 수 있습니다. 우리는 지금도 살아 계신 주님과 교제할 수 있습니다. 말씀과 기도로 많은 시간을 보내면 주님과 함께한 흔적이 생깁니다. 말씀과 기도로 주와 더불어 시간을 보낸 사람들에게는 주님과 함께한 냄새가 납니다. 그리고 향기가 있습니다.

● **예수님 부활의 목격자**

이것은 지금 우리에게도 적용될 수 있습니다. 당신은 살아 계신 주님을 목격했습니까? 살아 계신 주님의 기적을 체험해 보았습니까? 기도의 응답을 받아 보았습니까? 기도의 응답을 받으면서 "아! 주님은 살아 계셔! 정말이야!"라고 시인한 사람들은 살아 계신 주님을 체험한 사람들입니다. 그 주님을 체험한 사람들이라면 누구나 다 사도가 될 수 있는 것입니다. 우리는 모두 사도가 될 수 있습니다.

우리는 부족한 것이 많습니다. 하지만 맛디아를 뽑은 장면은 사도행전 1장입니다. 성경은 거기서 끝나지 않고 다음 장으로 이어집니다. 2장에는 무슨 사건이 기다리고 있습니까? 성령 강림의 사건, 성령 충만의 사건입니다. 맛디아로 하여금, 혹은 다른 제자들로 하여금 이제부터 전개되는 복음 사역을 감당하라고 성령님이 오셔서 그들을 충만하게 하신 것입니다. 그 성령의 능력으로 복음의 증인이 될 수 있음을 믿으십시오. 내 힘으로 되는 것이 아닙니다. 성령님이 시키시는 것입니다. 성령님이 시키실 때 순종하면, 그 일을 감당할 수 있도록 능력을 주실 것입니다. 성령의 능력이 임할 것입니다. 성령의 충만함이 함께할 것입니다. 그래서 성경은 이렇게 말씀합니다.

"오직 성령이 너희에게 임하시면 너희가 권능을 받고 예루살렘과 온 유대와 사마리아와 땅 끝까지 이르러 내 증인이 되리라 하시니라"(행 1:8).

증인이라는 말은 순교적 증인, 피 묻은 증인입니다. 열두 사도는 이 말씀을 믿고 성령의 충만함을 입고 나가서 순교의 제물로 자신의 생애를 바쳤습니다. 그리고 세상을 바꾸었습니다. 그리고 주님은 오늘의 세상을 바꿀 오늘의 사도를 부르고 계십니다.

그들이 할 수 있었다면 우리도 할 수 있습니다. 그렇습니다. 당신이 바로 열두 번째 사도입니다.

맛디아(Matthias, '하나님의 선물'이라는 뜻)

- 가룟 유다의 후임자, 열두 제자 중에 빠진 자를 계승, 제비뽑기로 결정
- 신학자 유세비우스에 의해 맛디아가 예수님에 의해 파송된 70인 중에 한 사람이
  었다고 알려짐
- 에티오피아에서 선교하다 순교한 것으로 전해짐

본문 그림 출처

1_ 작자 미상, <열두 사도들의 성축>, 14세기, 푸시킨 미술관.
레오나르도 다빈치(Leonardo da Vinci), <최후의 만찬>, 1495-1497년경, 산타마리아 델레 그라치에 성당.
2_ 귀도 레니(guido reni), <참회하는 베드로>, 1637년경, 마드리드 프라도 미술관.
3_ 도메니코 테오토코풀로스(Domenico Theotokopoulos), <성 안드레>, 1610년경, 부다페스트 미술관.
4_ 엘 그레코(El Greco), <큰 야고보>, 1610-1614년경, 엘 그레코 박물관.
5_ 안토니 반 다이크(Anthony Van Dyck), <복음 전도자 요한>, 1620년경, 셉뮈베스티 박물관.
6_ 조르주 드 라 투르(Georges de La Tour), <성 빌립>, 1615-1620년경, 크라이슬러 미술관.
7_ 안토니 반 다이크, <다대오 유다>, 1619-1621년경, 빈 미술사 박물관.
8_ 엘 그레코, <성 바돌로매(나다나엘)>, 1610-1614년경, 엘 그레코 박물관.
9_ 엘 그레코, <성 마태>, 1610-1614년경, 엘 그레코 박물관.
10_ 조르주 드 라 투르, <성 시몬>, 1615-1620년경, 툴루즈 로트레크 미술관.
11_ 엘 그레코, <작은 야고보>, 1610-1614년경, 엘 그레코 박물관.
12_ 페테르 파울 루벤스(Pieter Paul Rubens), <사도 도마>, 1611년경, 프라도 미술관.
13_ 페테르 파울 루벤스, <최후의 만찬>, 1630-1631년경, 브레라 회화관.
14_ 페테르 파울 루벤스, <맛디아>, 17세기, 프라도 미술관.